解放童年

换 种 思 路 做 父 母

尹连根◎著

南方日报出版社
NANFANG DAILY PRESS
中国·广州

图书在版编目（CIP）数据

解放童年 ： 换种思路做父母 / 尹连根著. -- 广州 ： 南方日报出版社, 2025. 4. -- ISBN 978-7-5491-2962-1

Ⅰ. G78

中国国家版本馆 CIP 数据核字第 2025SQ9446 号

JIEFANG TONGNIAN:HUAN ZHONG SILU ZUO FUMU

解放童年：换种思路做父母

著　　者：尹连根

出版发行：南方日报出版社

地　　址：广州市广州大道中 289 号

出 版 人：周山丹

出版统筹：刘志一

责任编辑：郭海珊

封面设计：肖晓文

责任校对：熊丽思

责任技编：王　兰

经　　销：全国新华书店

印　　刷：广州市尚铭印刷股份有限公司

成品尺寸：142 mm×210 mm

印　　张：7.25

字　　数：157 千字

版　　次：2025 年 4 月第 1 版

印　　次：2025 年 4 月第 1 次印刷

定　　价：48.00 元

投稿热线：（020）87360640　　读者热线：（020）87363865

发现印装质量问题，影响阅读，请与承印厂联系调换。

自序

孩子成才，应该算得上是当今热门话题了。也难怪，既然生而为人，总需要存着希望；尽管希望之路不一，但举目环顾，“娃”相对而言仍是存放希望的最佳所在。但是，想法是一回事，实践是另一回事。同时，孩子的成长不可逆，我们又往往是第一次为人父母，于是，各种教育孩子的乱象丛生。大体而言，或焦虑式教育孩子，父母教育理念不清晰，使孩子东奔西突却收效甚微；或躺平式教育孩子，父母撒手不管，美其名曰“野蛮生长”，实际上是让孩子乱生乱长。结合我们自己教育孩子的经历，本书试图推荐适合普通家庭孩子成才的“第三条道路”。具体来说，“第三条道路”以解放童年为理念，让童年教育有章法、有效率，事半功倍，最终使孩子自由地成长、自然地成才。我们也许可以试试换种思路做父母。

在讨论我们家教育孩子的具体经历时，其中的“我们”指的是我们夫妻俩。在孩子成长过程中，爸爸、妈妈的付出与辛劳本就密不可分。在详细阐明解放童年的具体内涵之前，先简述我们家庭实践该理念的结果。我们女儿从普通公办小学、初中、高中一路读过来，2023年同时被耶鲁大学、哥伦比亚大学、布朗大学、剑桥大学等世界名校录取，最后选择赴耶鲁大学读书。

一学年下来，她非常喜欢耶鲁大学，喜欢耶鲁大学的校训[①]。

---

① 耶鲁大学的校训是Lux et Veritas，意思是“光明与真理”。

学校的人文气息浓郁，中世纪古堡式的校园，住宿学院制的生活，博物馆、美术馆、图书馆，树林、绿地、墓园等，穿梭其间，秋天红叶冬天雪；高质量的师资，精湛的文艺活动，有趣的同伴朋友，享受其中，谈笑聚首无白丁。耶鲁大学特别重视本科教育，在膳食、住宿、导学、资源等方面展现出细致和专业。其本科统称为耶鲁学院，小班制教学，实行博雅教育，大学三年级前不分专业。本科36总学分[①]中，在人文艺术、科学、社会科学三大领域分别要求至少修够2学分；同时，要分别修够至少2学分的带有量化推理、写作、外语等技能的课程。我们孩子大学一年级的上、下学期都是两门物理、一门数学、一门文学、一门哲学，还是延续她在高中时培养的文理兼修的习惯，也与耶鲁大学的博雅教育理念相契合。

尽管学习任务繁忙，但得益于学习效率高，她依旧拥有一定的可支配时间来放空自己，供自己看电影、参加社团活动、写日记、“胡思乱想”、读闲书、弹乐器等。孩子随身携带了《鲁迅全集》（第二卷）到美国，节假日曾一度沉迷其中，共鸣不已。她和耶鲁大学的同伴进行过森林徒步，体味到那种远离尘世、亲近自然的纯粹，第一学年的圣诞节，她甫一回国就迫不及待地踏上东疆徒步跨年之旅。

孩子能就读适合自己的学校，当然是一件幸运的事；但她的自我倾向性、性格乃至学习习惯，都是后天培养和形成的。后天的一

① 耶鲁大学通常是每学期1门课1学分。但也有少数例外。例如，一些难度大的语言类课程或研究类课程会被计算为每学期1. 5或2学分；有的实验室工作或仅半学期的课程，则会被计算为0. 5学分。耶鲁大学的学分要求相对较严，一般美国大学本科修满32学分即可。

个重要所在就是家庭。我们女儿在人文方面的积淀，很大程度上来源于我们；她的专注、放空、不满负荷运转等习惯，也部分地是我们引导的结果。总之，家庭在孩子教育尤其是性格培养中居于中心地位，家庭教育在任何一个孩子的自我成长过程中都会刻下深深的烙印。

具体到我们家庭，对其他家庭可能具有参考意义的是，解放孩子，特别是解放孩子的童年。冰冻三尺，非一日之寒。孩子们后来表现出来的差异，反映的是他们童年教育的差异。因此，我固然在本书附章中谈及初中、高中，但就本书的主体而言，我更愿意溯源至孩子童年的教育，这才是她后来在美国大学申请季左右逢源的根本原因。

童年家庭教育的差异，本质上是教育理念的差异。本书有别于那种头疼医头脚疼医脚、“技法+案例”的操作方法。此类方法固然可能收得一时之效，但大多数并不具有长期性与持久性。相反地，本书探寻的是童年教育背后的理念。例如，阅读怎样解放孩子的心智？如何让学习成为孩子的自我解放？如何看待成功与成长的关系？我们需要什么样的儿童游戏观？孩子性格如何从代际传承中解放出来？送孩子出国，仅仅是为了学好英语吗？为什么说平衡在解放童年的教育中有着重要作用？

简而言之，教育孩子，理念先行。理念是纲，方法是目，纲举方能目张。只有诉诸理念层面，我们才可能在教育孩子方面有质的变化，才可能取得长久效果。何况教育本就没有什么捷径，也不可能是急就章的速成法所能一蹴而就的，要父母长期、耐心地陪伴。那些所谓的捷径和速成方法，父母即便学了也大半会得其形不得其神。教育孩子是个性化的事情，不能简单地生搬硬套他人的经验。理念之不同，在于它能令人得到启发，继而人们可以结合自己孩子的实际，施以相应的教育策略和教育方法。

教育孩子是个大问题。每个孩子的生命底色都是家庭铺就和赋予的，影响他们的性格、眼界、前途甚至命运。因此，作为父母，我们责任重大。我们陪伴孩子的时间不长不短，从出生到高中阶段共约18年。人生没几个18年，这18年占据了父母最佳的年华，我们没有理由不珍惜。这18年基本奠定了孩子之后的人生路径和命运轮廓，从某种程度上说，孩子的人生命运取决于这18年的父母陪伴。因此，对父母而言，没有比教育孩子更值得投入精力和思考的事了。

教育孩子是一门学问。一些家长认为，我自己就是这么长大的，教育孩子有什么难的？这是家庭教育的误区之一。这种缺乏反思的家长并不少见，他们不知道对孩子的教育应该因时因地制宜，否则可能会对孩子造成伤害。另一些家长专注于自己的事业，以为给孩子积累更多财富就是为孩子好，这是家庭教育的误区之二。古人说“富不过三代”是有道理的，财富不可靠，教育可靠；前者是表面，后者是根本；前者是授人以鱼，后者是授人以渔。与其想着给孩子留下更多财富，不如思考如何高质量地陪伴孩子成长。还有些家长热衷于给孩子报各种补习班，选择学校，增加压力，花费金钱，这是家庭教育的误区之三。家长付出了金钱、时间和精力，却没有效果，这类家长往往只是自我感动，结果适得其反，越努力离教育的本质越远，最终既耗费了自己的心力，也让孩子身心疲惫。好的教育是顺势而为，事半功倍。本书试图阐述这些道理。

这是一本写给普通父母看的书，是我们根据自己孩子成长的记录进行的对父母角色的全方位反思。我们女儿就读于世界名校，这个结果不那么普通，我们也可以竭力渲染和刻画在教育孩子过程中那些不普通的一面。但是，除了赢得可能的赞叹、惊羡，还能留下什么？只可能烛照出普通父母在孩子教育上的望尘莫及。

鉴于此，本书主要呈现和刻画了我们在教育孩子过程中的普通一面。我希望其他父母能够感受到，尽管我们女儿进入了耶鲁大学，但她就像邻家孩子，来自一个普通的都市家庭，就像大多数在普通公办学校接受教育的孩子一样。对父母来说，书中我们与孩子的一些日常故事和情节，可能更容易有共鸣；书中传递的教育理念针对的是一般孩子，应该更具启发性。通过讲述这些普通故事，本书也许更能触及多数家庭在日常教育孩子过程中遇到的问题。当然，虽然教育过程普通，但结果未必普通。

教育是为了什么？为了培养孩子健全的人格和成熟的心智。基于此，本书提倡的是一种以心智崛起为特色的解放教育观。这种教育理念以成长为本位，替代了以成功为本位，是一种以人性为本、以儿童为本的理念。我希望看到更多孩子像我们孩子一样，在家庭的帮助下，实现心智的崛起和童年的解放。

当然，解放童年是一个宏大的话题，为此，本书意在提供个人的见解。同时，解放之路多种多样，本书所述只是一家之言，难免有不足之处，敬请读者不吝赐教。

是为序。

尹连根

解放童年

换种思路做父母

目录

解放童年

换种思路做父母

引 言

童年为什么需要解放

心智的解放始于童年。

童年所受的束缚，很大程度上源自父母在孩子这张白纸上所绘制的第一笔。这一笔可能包含的束缚，有可能伴随孩子一生，使他们难以获得真正的解放。

鲁迅在《我们现在怎样做父亲》中极力主张以幼者为本，他着重强调父亲的三重责任：理解、指导和解放。

我们所有努力都是为了孩子的解放，为了帮助孩子摆脱身心的束缚。

父母们，让我们携手推动孩子们心智的成熟与童年的解放，给孩子一个真正属于他们的童年。

什么是解放？《现代汉语词典》的解释是：“解除束缚，得到自由或发展。”据此解释，解放的对象为“束缚”，行动是“解除”，目的是“自由”或“发展”。

为何需要解放？无非是束缚过多，已使人失去自由或发展停滞。

具体到童年，为何要解放？无非是孩子们在童年成长中遭遇诸多束缚，甚至其心智的自由发展也开始受到阻碍。

童年会遭遇哪些束缚

父母是孩子的第一任老师，也是孩子幼小时期的整个世界。童年所遇到的束缚，在很大程度上取决于父母在孩子这张白纸上涂抹的第一笔。这第一笔可能包含的束缚，在孩子眼中会成为理所当然的现实，或许孩子终其一生都无法摆脱，从而难以获得真正的解放。从这个角度看，父母最容易涂抹出的拙劣的第一笔，可能是孩子童年最易遭遇的束缚。

一、对“孩子”的不当理解束缚孩子的童年

我们常说，实际上也确实最束缚孩子童年的一句话便是，“孩子是我的”。试想，除了孩子，我们平时还会对什么说“是我的”？通常是对财产和物品，例如“这手表是我的”“这游艇是我的”“这奖状是我的”。也就是说，当我们说“孩子是我的”时，潜意识里可能将孩子视同财物，认为孩子归属于我，听我支配。因此，我们认为如何控制、监督、处置孩子都是自己的权利，包括打

骂、罚站、禁食等，外人无权干涉。

孩子首先是人，是独立个体，并非父母的所有物。老子说“生而不有，为而不恃，长而不宰”[①]，父母不过是“一个过付的经手人罢了”[②]。孩子与父母一样，拥有作为人被尊重的权利，以及不被随意伤害的权利。因此，将孩子视为父母所有物而随意伤害，如打骂、罚站、禁食等行为，是对孩子权利的侵犯，也是对孩子童年的束缚。而孩子，如卡夫卡所说，“从这以后，我确实变乖了，可我心里有了创伤”[③]。

什么是孩子？多数人的第一反应或许是“活泼”“可爱”“天真无邪”，这是正面的。负面的呢？“不懂事”“不成熟”“幼稚”。我们往往欠缺的是，对“孩子”这一概念本身进行反思。

什么叫“不懂事”？什么叫“不成熟”？什么叫“幼稚”？这些抽象词汇无法像“1+1=2”那般被确定地理解，见仁见智，含义差异也许很大。有些含义会束缚孩子的童年，有些则会解放孩子的童年。我小时候到亲戚家拜年，吃了汤面碗里的鸡腿，回家被母亲训斥为“不懂事”，因为那鸡腿不是给客人吃的，是摆设用的。当时我感到羞愧，因为自己在行为中本能地表达了对美食的渴望。后来，我慢慢变得“懂事”，有想法也不公开表达，甚至刻意伪装成

① 陈鼓应的翻译是：“生长而不占有，畜养而不依恃，导引而不主宰。”陈鼓应. 老子今注今译[M]. 北京：商务印书馆，2003：112.

② 鲁迅. 我们现在怎样做父亲[M]//《鲁迅全集》修订编辑委员会. 鲁迅全集：第一卷. 北京：人民文学出版社，2005：136.

③ 卡夫卡. 卡夫卡中短篇小说全集[M]. 叶廷芳，等译. 北京：人民文学出版社，2015：424.

与我想法相反的样子。例如，明明没吃饱，嘴上却说吃饱了。这里的“懂事”，含义是不公开表达自身感受，压抑情绪，伪装。如今看来，这对心智成熟并非好事，因为这有碍于孩子成为自己。成为自己、做自己，是孩子心智成熟的标志之一。

什么是“好孩子”？多数父母的第一反应是“听话”。这种观念背后隐含的假设是父母总是正确的。然而，在现实生活中，这样的假设并不总是成立，正如古语所说：“人非圣贤，孰能无过？”此外，过于听话的孩子可能变得墨守成规，童年时可能在无意中成为父母意志的延伸，成年后则可能成为上司意志的延伸。对于孩子的心智成长来说，这种状况无疑是一种束缚。

二、对教育的不当理解束缚孩子的童年

孩子需要教育，父母是第一任老师，责无旁贷，所谓“子不教父之过”。然而，如同对“孩子”的概念一样，我们往往缺乏对“教育”概念本身的反思。

什么是“教育”？简单来说，就是培养人的工作。如上述“懂事”这类抽象词汇，对“培养”的理解因人而异，对“如何培养”“为何培养”等问题的理解也是如此。不同理解造就不同的家庭教育目的、模式和方法。就我所见所闻而言，当下的家庭教育观念，大体可分为两类：功利导向的教育观和解放导向的教育观。

“束缚”，《现代汉语词典》释义之一为“使停留在狭窄的范围里”。此释义用于功利教育观极为恰当，即把教育限制在考试范围内，把考试限制在成功范围内。严格来说，功利教育观是对教育的不当理解，它不是在培养孩子，而是在束缚孩子。

相反地，解放教育观着眼于培养人而非束缚人，旨在打破教育的条条框框，让教育的范围更宽广。具体而言，教育不是为了考试，而是为了培养孩子成为心智健全的人。什么叫心智健全？通俗来说，就是有主体意识、有能力、有定力、有批判性思维。

解放教育观并不是简单地否定考试和成功。如果这样理解，就是用非黑即白的思路来看待这两种教育观，因为追求功利和追求解放并不是水火不容的。只是从解放教育观的角度来看，考试不是为了排名，而是为了发现孩子在知识上的不足，帮助他们在学习中查漏补缺。至于成功，它不过是孩子成长过程中的一个副产品，得到了固然可喜，失去了也不必过于忧虑。

解放教育观强调，要解放孩子，首先要解放父母。这是由父母作为孩子的第一任老师的角色决定的。

父母是孩子的第一任语言老师，孩子最早从父母那里习得语言。如果父母日常与孩子交流时语言贫乏、脏话连篇，怎能期望孩子语言丰富优美？语言不丰富优美，作文自然写不好。因此，父母要在语言上解放自己。

父母也是孩子的第一任行为举止老师，孩子最早从父母那里习得行为举止。如果父母走路含胸驼背、八字脚，孩子大概率也会如此。父母如果随地吐痰、不修边幅，孩子也难以文明礼貌、举止得体。所以，父母要在行为举止上解放自己。

父母还是孩子的第一任教育观念老师，孩子最早从父母那里习得对教育的理解。如果父母视孩子为所有物而非独立个体，孩子长大后也可能复制这种教育观念，对待他们的孩子。故而，父母要在教育观念上解放自己。

三、孩子的声音凸显解放的必要性

——你们说我成绩不好，可我除了数学、英语、语文有时不能达到85分以上，我哪不好了？你们说你们没错，那你们对我成绩不满意时的骂声是什么？我从没听到一声鼓励，你们老拿我和别人比，你们从来没看见过我的努力，你们可能到现在都不知道自己哪错了。那我来告诉你们，你们哪错了，你们也不看看成绩好的人，他们家什么条件，我们家什么条件，这是你们的错！

——小时候，我有一次因为一直吵着要喝他带回来的花生牛奶，他当时心情不好，一巴掌把我鼻血都打出来了。我有点什么事就被打，考98分都被骂，吃饭打嗝他一巴掌打过来，夹菜姿势不对他也一巴掌打过来，他自己小时候生活不好非要对我要求严格。当然也可以说这是对我的爱，但抱歉，我情商低，感受不到……

——你们爱的不是我，是冲进班级前十的我，是排名年级前二十的我，是考到满分的我。你们心目中的完美女儿太优秀，我达不到。我是带给你们荣誉的人，“严格出孝子”的代言人，是你们在朋友面前攀比的工具。你们在人前彬彬有礼，来了电话时语气礼貌又文明，在人后我承受了你们口中最肮脏的辱骂，气撒出来了，你们开心了，我就睁一只眼闭一只眼，反正也没什么，不是吗？

这些都是来自现实世界孩子们的文字，让我不禁想到卡夫卡。他在《致父亲的信》中写道：“我的写作都围绕着你，我写作时不过是在哭诉我无法扑在你怀里哭诉的话。”[①]对家长最接近血泪控

① 卡夫卡.卡夫卡中短篇小说全集[M].叶廷芳，等译.北京：人民文学出版社，2015：443.

诉的，非卡夫卡这篇文章莫属。在卡夫卡眼中，世界一分为三：

一个是我这个奴隶的生活世界，其中布满了条条框框，这些法规是专为我制定的，可我，不知道为什么，总是无法完全符合这些法规。然后是第二个世界，它与我的世界有天渊之别，这就是你的生活世界，你一刻不停地统治着，发号施令，因命令不被遵循而动怒。最后是第三个世界，你我之外的所有人都幸福地生活在其中，不受任何命令和戒律约束的世界。[①]

然而，现实中，更多孩子如他一样，处于他笔下的第一个世界，而非第三个世界，只是程度不同罢了。在这一点上，终生孤独的卡夫卡并不孤独。

通过卡夫卡的文字，我们大多数人既能看到自己的童年，又能看到自己作为父母的当下。本质上，卡夫卡式童年就是控制与奴役，是一座心智的牢笼。

鲁迅曾说："孩子的世界，与成人截然不同；倘不先行理解，一味蛮做，便大碍于孩子的发达。"[②]也就是说，我们做父母的未必理解自己的孩子。我们不习惯以孩子的眼光看世界，不费心以孩子的大脑想问题，不尝试跟孩子心平气和地交流，不愿意把孩子当作独立的、与我们平起平坐的人，就像卡夫卡笔下的父亲那样。

我们女儿在澳大利亚读书的时候，班上曾转学来一位中国孩

---

① 卡夫卡. 卡夫卡中短篇小说全集[M]. 叶廷芳，等译. 北京：人民文学出版社，2015：427.

② 鲁迅. 我们现在怎样做父亲[M]//鲁迅全集：第一卷. 北京：人民文学出版社，2005：140.

子。一个从未踏出过国门的11岁孩子，怎么可能那么快适应异国他乡的语言？可这个孩子说，如果回去诚实地告诉父母自己读不懂周末作业通知上的要求，父母就会揍她。我听了惊讶不已，这也太低估英语的难度了，这可能正在把孩子推向问题儿童。

在写本书的过程中，我不时找来鲁迅的《我们现在怎样做父亲》阅读。奇妙的是，当时尚未做父亲的鲁迅竟能写下如此深刻的论为父之道的文字。想当年，自己尚未做父亲时就读过这篇文章，当作父亲角色的启蒙教育，当时就发誓要照着这些忠告为人父。后来有了孩子，竟忘却了。如今找来再读，那文字依然振聋发聩："先从觉醒的人开手，各自解放了自己的孩子。自己背着因袭的重担，肩住了黑暗的闸门，放他们到宽阔光明的地方去；此后幸福的度日，合理的做人。"[①]鲁迅在文中极力提倡幼者本位，尤其强调父亲的三重责任，即理解、指导和解放。

是的，我们所做的一切都是为了孩子的解放，为了让孩子摆脱身心的束缚和枷锁。解放，这是一个多么振奋人心的词汇。当年，正是这个概念吸引了无数仁人志士为之抛头颅、洒热血。解放，同样是法兰克福学派的代表人物阿多诺、霍克海默和马尔库塞等人思考的重要议题。他们认为，科技发展并未如最初承诺的那样带来人的解放；相反，它成为权力与资本的帮凶，使人失去了批判性思考能力，成为整齐划一的单向度的人，陷入心智的桎梏和新的奴役而不能自知、不能自拔。然而，如果不解放心智，心灵自由与人生幸

---

① 鲁迅.我们现在怎样做父亲[M]//鲁迅全集：第一卷.北京：人民文学出版社，2005：135.

福又从何谈起？只能是如马尔库塞所说，让虚假需求掩盖了真正的需求[①]。而心智的解放必须从童年开始。想到这里，我仿佛听到了枷锁从孩子身上脱落的声音。

如何开启解放童年之路

如何解放孩子的心智？如何解除阻碍孩子成长自由和心智发展的束缚？如何在现实中将解放教育观具体化？

在本书中，我将结合我们在教育孩子过程中的经验教训，以单个主题呈现的方式，依次按照阅读、学习、游戏、性格、出国、原则的顺序，阐述如何在这些领域实践解放教育理念。当然，这种教育理念并非一朝一夕之功，而是从模糊到清晰，从实践到反思，在边做边学边总结的摸索中逐步形成的。各主题部分既相对独立，自成一体，又始终由童年解放贯穿。在分别概括各主题之前，我想说明：打造孩子，先要塑造自己；希望孩子具有何种心智与人格，自己先要身体力行地朝此方向努力；解放孩子的童年，父母先要将自身从陈旧的教育理念、模式和意识中解放出来。

以下，我将简要概括各主题与童年解放的关系：

第一，阅读。阅读之所以被置于众主题之首，是因为它在培养孩子独立思考能力和批判性思维方面的重要性，而这两者直接关系到心智的崛起和童年解放的深度。如果不能独立思考而只是人云亦云，何谈心智的崛起；如果不具有批判性思维而只是一味盲从，怎

① MARCUSE H. One-Dimensional Man [M]. London: Routledge, 2002.

能实现童年的解放？对孩子而言，阅读就是在铺设其心智地图，与孩子的注意力、理解力、想象力、学习效率、文字能力等方面息息相关。实际上，在后续多个主题的陈述中，阅读的影子不时闪现。既然阅读如此重要，首要任务是为孩子营造书香氛围。

第二，学习。学习在中国情境下的重要性不言而喻，但父母应把孩子从作业堆中解放出来。这固然与老师布置作业的合理性有关，但也与我们是否花时间培养孩子的注意力有关。而就培养孩子注意力而言，阅读是最佳方式。孩子注意力一强，听课和做作业的专注度提高，作业效率必然相应提高。反之，注意力弱，完成作业必然磨蹭、拖拉。其次，要把孩子从注重价值判断的单向度思维习惯中解放出来。在童年，孩子首先要培养事实判断能力，而非价值判断能力。为此，父母要给孩子补充大量课堂以外的内容知识，尤其是通过书籍，让孩子从单向度思维中解放出来。最后，我们要以身作则，让不断学习成为自身生活方式，潜移默化地培养孩子自主学习能力，使自主学习成为孩子的习惯，让孩子从“学习即负担”的思维中解放出来。

第三，游戏。游戏本是最符合孩子天性的活动，却因父母常附加过多功利性目的而变味，被孩子视为畏途。换言之，游戏本身就是孩子游戏的目的，而在父母眼中，游戏成了实现某些功利目标的手段，如考级获奖、升学加分、从众攀比等。霍克海默和阿多诺在论述文化工业时说得好：“文化在漫无目的中意义无所不在……在听命于市场中意义一了百了。[①]”这句话同样适用于孩子的游戏。

① HORKHEIMER M, ADORNO T W. Dialectic of Enlightenment [M]. London: Verso, 1979: 158.

游戏，只有当它漫无功利性目的从而自身成为终极目的时，才对孩子有意义，可谓“无用之用”；而当游戏成为父母之命时，其对孩子的意义顿失，进而成为孩子童年的累赘和包袱。因此，童年的游戏需要从功利性目的中解放出来。

第四，性格。我希望自己童年被潜移默化的许多观念不再“移植”到孩子身上，如养儿防老、出人头地、委曲求全、顾全大局等。一言以蔽之，活着为他人，不为自己。其附带效应是，不尊重自我，不善待自我，压抑自我，以致自我扭曲得面目全非，日趋活得没有自我，不真实。我们那代人大多经历过这种教育模式。如今我们为人父母，谁愿意孩子重蹈覆辙？当然，如前所述要身体力行，我们首先要尊重、善待自己，找回自童年就一直被压抑的自我，让自我归位。只有我们先改变自己，成为孩子的现实榜样，才有可能避免孩子重蹈覆辙，让孩子拥有真正属于自己的人生，实现孩子在性格方面的代际解放。

第五，出国。对于有条件的家庭来说，让孩子哪怕短期出国一周也是好的。出国能带来语言上的进步，更重要的是能让孩子在不同文化中穿梭，了解不同的思维习惯，拓宽他们的视野。这有助于孩子从小摆脱狭隘的思维方式和封闭的地域观念，使他们的心胸更加开阔，性格更加包容。有人可能会说，孩子连中国文化都还没有学好，学什么西方文化？这是以成年人的学习模式来思考孩子的学习模式，忽略了孩子是兼收并蓄的，他们并不是有意识地学习英语和某种文化，而是直接用之于生活。

第六，原则。我指的是解放童年应坚持的宏观原则。我以“平衡”为核心概念，将七大原则统一起来。我认为人生就是平衡的游戏，在快与慢、工作与生活、激进与保守、公与私之间相平衡。具体到童年解放，我概括了七大平衡原则，即玩耍与学习的平衡、体制内与体制外的平衡、管与不管的平衡、智力成长与心理成长的平衡、大消费的穷养与小消费的富养的平衡、孩子生活与大人生活的平衡、生与死观念上的平衡。我试图用这七大原则，统摄前面的相关主题。

总之，本书记录的是我们家庭在解放孩子童年方面的努力。我希望本书对更多普通家庭有参考价值，能促进孩子们心智崛起与童年解放，还给孩子们一个真正属于他们自己的童年。当然，心智崛起、童年解放非一日之功，父母要长期、有意识地改变和努力，从自身做起，从日常做起，与孩子共同成长。

解　放　童　年

换　种　思　路　做　父　母

第一章

阅读怎样解放孩子的心智

得阅读，得童年，乃至得人生。孩子阅读的类型，往往预示着他们未来的成长方向。阅读，是孩子心智地图的绘制过程。

孩子的阅读常呈现重复性。这种重复并非无效，孩子通过反复阅读，深入感知和体验书中的文字与图画世界。

阅读不能只是为孩子创造一个只有风花雪月的童话世界。孩子在长大的同时，父母要帮助孩子慢慢实现阅读的改变和延伸，认识现实世界非童话的一面。

让孩子在童年这样的黄金岁月里遇到那些美丽心灵活跃其间的书，宁缺毋滥。为孩子挑书、买书，父母首先要提高自身的阅读品位，其次是培养孩子的阅读兴趣。买书买不穷一个家庭。

阅读是培养孩子批判性思维的捷径，批判性思维是心智解放的基本素质。

孩子的阅读可以分为内容和形式两个方面。阅读内容主要指父母为孩子选择的书籍类型，这在某种意义上直接关系到父母希望孩子形成的精神特质和气质。这种阅读内容上的引导，与父母自身的精神特质和气质有着密切联系。因此，父母希望孩子成为具有何种精神特质和气质的人，首先自己要成为或努力成为具有那种精神特质和气质的人，然后才能为孩子挑选出能够反映这些特质的书籍。简单来说，孩子读什么类型的书，将来就可能成为什么样的人。正如人们所说："物以类聚，人以群分。"书籍也是如此。

就阅读形式而言，我指的主要是阅读习惯。孩子受父母的影响极大，父母的阅读习惯在很大程度上塑造了孩子的阅读习惯。那些一拿起书本就打瞌睡、孩子一哭就塞手机或开电视、与孩子在一起却各自玩手机的父母，恐怕很难培养出热爱阅读的孩子。与其不断催促孩子读书，不如自己下班后主动拿起书来读，这样对孩子的正面影响会更大。父母阅读行为的示范效应也容易让孩子从小就认识到，阅读就像吃饭、睡觉一样，是生活中不可或缺的一部分，是一件自然而然的事情。久而久之，不阅读反而会让孩子感到不自在，甚至怅然若失。

就精神特质和气质来说，我们希望女儿成为一个对多元文化保持开放心态、人性化程度较高且不流里流气的人。因此，在挑选读物时，尤其是她小时候，我们尽量偏向西方的经典儿童读物。总体来说，这类读物讲述的是不同的文化，而且它们大多强调人性，保持较高的水准。另外，孩子阅读习惯的培养并不难，因为阅读本就是我们最大的业余爱好之一，阅读的过程对我们来说就是与伟大心灵对话、聆听教诲的过程，本身就是一种享受。

上述文字既是本章的主旨，也是对我们孩子阅读的概括。以下内容旨在让读者获得更具体的感受，并希望激励更多孩子从小与书为伴，在书本中探索更广阔的世界。

孩子的阅读是重复式的

培养孩子的阅读习惯要有一个阅读的氛围。像我们孩子对读书的热爱可能就与家庭的阅读习惯有关。我们家当时很少开电视，对我们来说，下班回家后惬意的事情就是洗完澡一人拿一本书躺在床上看。那时候，孩子还是跟我们一起睡，她也夹在中间闹着要我们给她讲绘本，这成为每天晚上的固定节目。白天，阅读绘本也是她打发时间的方式之一。只要在她面前放上一册绘本，就足以让她在沙发前的茶几旁安静下来。不过，孩子翻着翻着，会像忽然想起什么似的，闹着让爸爸妈妈或者外公外婆给她讲绘本上的故事。

跟大人不一样，孩子的阅读是重复性的。同样的故事，小孩子却可以翻来覆去地听，并乐此不疲。大人有时甚至不解：明明是同样的故事，为什么孩子就可以而且愿意一边看图画一边听讲呢？于是，我有时就故意跳开一些不重要的细节，而不是照着绘本上的文字逐字逐句地读。现在想来，孩子就是以这样的方式学习他人、学习感知外部世界的；通过这样的阅读体验，孩子将视觉与听觉有机结合起来，开启对书本外世界的想象。麦克卢汉的名言“媒介是人体的延伸”非常有道理，书本就是孩子延伸自己的感官去感知外部世界的重要路径。

后来去英国，女儿对英文绘本如对中文绘本一样，翻来覆去地看，或缠着我们反复给她讲。有时想：孩子的世界真是不一样，要是大人早感觉重复得无趣死了，但他们每一次都像第一次那么新鲜和着迷。所以，孩子童真世界的斑斓与纯粹，孩子注意力的集中与关注，绘本带给他们的想象，往往是成人的眼光无法穿透和察觉得到的。

直到有一天，我们才恍然大悟，重复阅读对孩子来说并不是原地踏步，他们实际上是在通过重复阅读来感知和体味文字和图画中的世界。

那是一个周末的下午，我们邀请了华人同学来家里聚会，其中有一个同学和女儿玩耍。女儿拿起一本*Cinderella*告诉这位同学，她会讲这个故事。于是，孩子一本正经地捧着书，大声地“读”起来。但她真的认识这些字吗？她肯定不认识。那为什么她看上去完全是在逐行阅读？这是因为她平时看大人阅读时的专注。我惊讶于孩子专注所带来的对文字的吸收能力，这种专注及其带来的接收水平都远超出我们大人的想象。我想到那个经常用来比喻人脑的“海绵”，这样一块海绵，我们有什么理由闲置、浪费或者污染它？我们没有理由不为了孩子们尽力寻找最适合他们的图书，去滋润他们的心灵，丰富他们的世界。其实，孩子们本身也是多么渴望这种滋润和丰富啊，只是他们有限的语言能力制约了他们对这种愿望的表达，而如果我们作为大人也无视这种愿望，可谓是一种罪过。

所以，别简单地认为孩子的重复阅读是没有意义的，别因为重复阅读而失去对孩子的耐心。我们要以孩子的眼光去审视和看待孩子的阅读。

书是用来读而不是撕的

有时看到别的小孩拿着书在撕，我难免有些吃惊。倒不是因为这个动作本身，小孩子的行为无所谓对错，我吃惊的是父母如何带孩子看书。如果父母总是拿着书和孩子一起阅读，孩子就会在大脑里建立起图书与阅读之间的联系，而不是图书和玩具之间的联系。通俗地说，孩子从小就会懂得书是拿来读的，而不是用来玩的，更不是用来撕的。

一般地，当我们给女儿一本书时，我们从不简单地扔给她就完事，而是和孩子一起先睹为快，坐下来，在她面前打开书，然后一页页地讲给她听。给女儿讲第一遍的时候，我们不会故意落下一个字，以保持故事在孩子大脑里的完整性，也是为了避免破坏书本情节应有的丰富性。讲完一遍后，孩子的好奇心还没有被满足，所以她总是会从头翻一遍、再翻一遍。也许正是通过这样的互动，孩子在大脑里建立起了书本和阅读之间的有机联系，而不是将书本视为一件玩具。

一个初夏的上午，只有我一人带着不到两岁的女儿在家。我在书房看书，她爬到那排白色落地书架旁，从最底层拿下一本本书。然后，坐在地板上，双手打开一本书，做大声朗读状，咿咿呀呀。我偷偷跑过去一看，只见她坐在一泡尿里，衣服湿了，地上的书也湿了。见我来了，她看看我，若无其事的样子；我笑着无奈地摇摇头，也若无其事的样子。然后换完她的衣服，我抱她到卧室的飘窗阳台上，不需要别的，塞给她一本书，她就这样坐在窗边的阳光里翻阅。

挑什么书给孩子

为孩子挑选图书当然见仁见智，我们主要注重故事的趣味性和人情味，同时确保图文内容健康、不低俗。

女儿看的中文绘本中，至今令我印象比较深的有“小熊和最好的爸爸”系列，以及《狼大叔的红焖鸡》《卡卡莫特岛》《亨利爷爷找幸运》《我的爸爸叫焦尼》等，绝大部分是在网上买的，不过许多书都因为后来送人而记不起来了。这些图书网站的好处是，在你选择一本书之后，相关读者关注或者购买过的图书就会显示出来。一般来说，这些相关图书都体现了同样的趣味导向和审美导向。于是，很多图书就这样被按图索骥、顺藤摸瓜地购买了。

在写这一章的时候，第一本蹦进我脑海的书就是《鼹鼠和小鸟》。它生动地展示了孩子丰富的内心世界，也启发孩子理解“爱”这样抽象而又美好的人类情感。文字优美、恬静，带有淡淡的忧伤。《狼大叔的红焖鸡》竟然可以把狼大叔写得那么可爱，甚至部分改变了我自小习得的对“狼大叔”的坏印象。《亨利爷爷找幸运》把一个抽象的概念讲得如此生动，让孩子从小就知道幸运就在身边，就在日常生活中，深刻的道理通过通俗易懂的方式娓娓道来。《我的爸爸叫焦尼》的小狄姆怎么能够理解爸爸呢？但每个成人都能理解爸爸尽力的背后那份对孩子的歉疚与酸涩。父亲悉心呵护孩子应有的尊严，努力维护对孩子爱的完整性。尽管妈妈始终没有出场，但她的存在是整个故事的底色。这不仅是一本孩子的绘本，更是一本写给父母们的好书。

童年是孩子的黄金岁月，我们要尽力让孩子遇到那些陶冶心灵的书，宁缺毋滥。不过，在孩子小的时候，父母在挑选图书方面的帮助还是必要的，但随着岁月渐增，例如初高中，我们已经放手让她自己去选择课外读物了。

外文书的阅读

对于儿童，尤其是学龄前儿童来说，语言并不是最关键的，重要的是绘本本身的趣味性和吸引力。一旦孩子对绘本产生了兴趣，父母及时用英文朗读给孩子听就变得非常重要。前面已经提到孩子在阅读上的重复性特征，这也适用于孩子对外文书的阅读。

我们女儿开始涉猎英文绘本是在她三岁时。第一本是我们一家人在牛津闲逛时妈妈买的，一本很薄的小册子，讲的是警察的故事。后来妈妈又陆续给女儿买了*Cinderella*、*Snow White*等为数不多的几本。那时候，我们还保留着过去陈旧的理念，认为外国图书太贵，花钱不值得，所以女儿就反复阅读有限的几本外文图书。

等孩子大一些时，父母就要及时发现和发掘孩子对外文书阅读的偏好。基于兴趣的阅读是最有效的。

我们孩子的英文阅读很大程度上是基于她个人兴趣。大概在她小学一年级时，有一次我们全家去逛书城，二楼有一家外文书店，女儿之前在某本书里接触过Rainbow Fairy系列，于是她就在一本名为*Rainbow Fairy*的书前面站着不走，翻了又翻。这样，我们就把它买下了，女儿从此开启了这本书的阅读之旅，也是她由绘本向文字阅读模式转型的开始。

在陪伴女儿阅读的过程中，我们感到，兴趣是最好的老师。

兴趣让女儿对Rainbow Fairy系列爱不释手，兴趣同样让她将Harry Potter和Warriors系列看了一遍又一遍。这两套书都是她在学校看到其他小朋友在看而想看的。同学们看的是中文版，我们就跟她说翻译总是会失去一些东西，建议她看英文版。就这样，她将七本*Harry Potter*全部看完；然后，她又将全部录音完整地听了若干遍，再回头重新看文字版。Warriors系列也大体如此。

另一方面，我们还根据网上推荐买了好几个系列给女儿阅读，例如DK系列（Dorling Kindersley Readers）。在这套书里，女儿结识了Abraham Lincoln、George Washington等历史名人。此外，还有Step into Reading、Magic Tree House、A to Z Mysteries、The Lord of the Rings、The Hunger Games、Ferryman等系列，还有*Winnie-the-Pooh*、*Kira-Kira*、*Criss Cross*、*To Kill a Mockingbird*等几本英文小说。

现在回过头来看，我们在与孩子共读同一本英文书方面做得还不够。如果我们能与孩子一起阅读，不仅能在日常交流中与孩子有更多的共同话题，而且能让孩子感受找到知音的共鸣感。这样既能加深亲情，又能很容易地与孩子成为有许多共同话题的好朋友。实际上，这也进一步提高我们自己运用英语进行地道表达的水平，一举三得，何乐而不为？

总之，不要让阅读，尤其是英文阅读，成为孩子一个人的事情。相反，应该让阅读成为家庭共同的事情，努力营造家庭的阅读氛围，对孩子们感兴趣的图书产生兴趣，爱孩子们所爱读的书。阅读，从陪伴孩子一起打开同一本书开始。

阅读促进识字

教孩子识字，如果一开始就满足于满堂灌，领着孩子对着那不同的形状来念，效果未必好。为什么？太枯燥！最好的识字方法之一是阅读。阅读绘本多了，听父母读字读多了，孩子自然会燃起识字的欲望。

我们孩子比较早就开始识字了，但这不是我们大人有意识地去教。可能由于从小很少接触电视，女儿读书时能够聚精会神，沉入书中去，这顺带使她关注汉字的模样，否则，她就无法知晓故事后续了。

她四岁时，还是我们读，她跟着看、听。不过，她自己翻看的频率更高了，她看的书的文字也越来越多。这种情况下，我们就启发她，与其这样依靠爸爸妈妈，不如自己多识字，靠自己阅读。就这样，女儿大约在五岁开启了自己识字、读书的过程。

阅读固然增强了孩子的识字能力，不过，与此相配合，我们又给她买了颇受小朋友们欢迎的《四五快读》。这套书编得挺好，有一定的挑战性，但同时比较适合儿童。总之，阅读识字与专门识字两种方法双管齐下，再加上幼儿园教的，孩子在上小学之前掌握了大约1500个汉字。

英文也是一样。随着所阅读图书的画面越来越少，文字越来越多，孩子认识的英文单词也日渐增多。后来，一个周末，我带女儿到我们小区的书店去看书。我偶然瞥到《新概念英语》，于是顺手拿给女儿看，想看看她的英文词汇量。她觉得课文比较好玩，而且基本没有阅读障碍。于是，我们就将这个系列二、三、四册全买下了，当作她在学校英语课堂的自学教材。每天早上开车送她到学校的路上，她就听《新概念英语》的录音；在学校的英语课堂上，她就自己阅读和记单词。

校内外阅读相辅相成

尽管父母的影响很大，但孩子上学后，受老师和同学影响的比重会逐步提高。

像孩子的小学语文老师严老师，她就对我们女儿的阅读有很大的正面影响。严老师在课堂上带领孩子们或者推荐孩子们阅读了《洋葱头历险记》《爱的教育》《天蓝色的彼岸》《狗来了》《查理和巧克力工厂》《呼兰河传》《西游记》等一批好书。这大概也是女儿在作文《不严的严老师》中几乎花了一半的篇幅来记叙严老师带她们读书的事情（参见本章附录）的原因。同时，在课外阅读方面，严老师注意拓宽学生的视野，先后开列了《上下五千年》《时间的奥秘》等优秀图书。

女儿的中文阅读还受到同学的影响，最典型的是沈石溪的作品。在同学影响下，她一度着迷于沈石溪的动物小说，几乎阅读了所有她能够找到的沈石溪的文字。

基于此，我们对孩子的中文阅读维持以学校要求和同伴影响为主，而家庭的着力点则在她的唐诗宋词和英文阅读上，以做到校内外阅读相互结合，相辅相成。

孩子的唐诗背诵从三年级开始，我们受课本上的古诗启发，萌生鼓励她背诵唐诗宋词的念头。我们特地给女儿准备了一个64开本的小本子，一首首地抄上去并给她讲解，然后督促她背诵。唐诗和少量宋词主要来源于《古代汉语》（王力）、《中国古代历代作品选》（朱东润）、《李白诗选》、《杜甫诗选》、《唐宋名家词选》（龙榆生）。我们选得比较多的还是杜甫、李白、白居易、李清照的诗词，兼顾了少许《论语》和唐代散文等。长篇目如《蜀道难》《长恨歌》《赴奉先咏怀五百字》《春江花月夜》《滕王阁序》《代李敬业传檄天下文》等。有的像上述后两篇长文，是孩子带着挑战和好玩的心理来和我们比赛着背完的。就这样，带孩子一起品读这些美诗美文，仿佛又回到自己那豆蔻年华。感叹似水流年的同时，我们也感受到生命绵延的力量，和孩子一道成长。

阅读的改变和延伸

等孩子的阅读积累到一定程度后，父母可以适当地对之进行改变和延伸。当然，这种改变和延伸都是辅助性的，以孩子本身的兴趣为出发点。

大约从四年级下学期开始，我们有意识地将孩子的阅读往两个方向引导：一是扩大涉猎领域，二是减少童话比重。

女儿的阅读大体上是由文学向历史、科学、地理延伸，中英文并进。中文方面，她的语文老师推荐的《上下五千年》让她获益匪浅。同时，美国中学教材“科学探索者”系列的中文版也对她有帮助。英文方面，以她到澳大利亚学习后最为明显，每天晚上在我所访问的大学的图书馆，她先后阅读了*Senior Geography*、*Australia and the World*、*Nutrition*等厚厚的大书。她先是爱在一楼、后是爱在四楼，找一张单人沙发，搬一只圆墩子过来，然后手捧一本书，窝在沙发里，沉入文字里去。

尽管实现了部分拓展，但孩子还是以阅读文学作品为主，例如*A Wrinkle in Time*、*Mrs. Frisby and the Rats of NIMH*、*Shakespeare Stories*、*Robinson Crusoe*等。好在该大学图书馆有大量优秀的儿童读物，开始还是我帮女儿找，后来大多是她自己去挑选了。我尤其记得The Graveyard Book那个系列，女儿连续几天穷追不舍。

同时，随着女儿年岁的增长，我们认为阅读不能只是为她创造一个只有风花雪月的童话世界，是时候让她慢慢接触现实世界中非童话的一面了。我们甚至愿意早点让她知道并非所有的日子都是童话般的浪漫，这世界上并不只有鲜花、美酒，还有很多人生活在没有书读、没有学上、没有家归的悲惨世界里。

为此，我们有意识地为女儿买了或者借了*The Diary of a Young Girl*、*Number the Stars*等图书。我们希望孩子认识到现实世界的不完美，在珍惜自己幸福日子的同时，对这些不完美多一份关注。我们慢慢让她懂得：现实世界不美好，才需要我们每个人努力使它变得美好，让无书可读的孩子们有书读，无学可上的孩子们有学上，无家可归的孩子们有家归。这些对孩子来说并不是多么假大空的东西，恰恰需要父母伴随着其阅读，顺其自然地植入孩子的心智地图。

买书买不穷一个家庭

相对于外文图书，中文图书的价格确实便宜很多。现在回过头来看，即便是外文儿童图书，价格也并非高不可攀。在某些方面节省或许有道理，但在购买图书上吝啬，尤其在儿童图书上，却是没有道理的。当然，当前图书市场良莠不齐，父母需要有甄别优劣的眼光。选购图书时，我们应坚持宁缺毋滥的原则，尤其是儿童书，因为儿童正是通过阅读来描绘他们的心智地图。从这个角度来看，为孩子挑选和购买图书前，父母首先需要提升自己的阅读品位和辨别图书的能力。

以前在给孩子买书方面，我对中文书还算大方，但对外文书总觉得太贵，舍不得购买。那时候，我们带女儿在英国读书。她从幼儿园回来后，高兴地说她想要一本叫*Mulan*的书。但当我明白这本书只是讲述花木兰的故事后，我委婉地拒绝了她，说外国书太贵，而且这是中国的故事，承诺回国后再给她买。我当时的想法是，看外国人写的花木兰不如回国后读原汁原味的版本，却没有意识到，女儿口中的*Mulan*，是迪士尼的再创作，甚至改变了原故事的主旨。重要的是，我当时的拒绝使她渴望阅读的幼小心灵受到了压抑。在英国的剩余时间里，她再也没有提起买外文书的事情。

次年回国后，我们幡然醒悟似的，开始为女儿购买大量外文书，当然还有当初未能购买的*Mulan*。总之，她钟爱的所有外文图书都被她一网打尽。在我们印象中，单单一本*Mulan*就陪伴孩子度过了许多充实而愉悦的夜晚。

随着孩子图书数量的增加，如果可能的话，家长还是应该让孩子拥有一个自己的书架。这样，孩子可以随意拿起一本自己喜欢的书来翻阅，就像再次遇见老朋友一样。而且，书架也成了孩子描摹自我心智地图的生动记录，具有某种亲切感。试想，谁能不对自己成长过程中的精神塑造者和守护者感到亲切呢？

阅读与解放

一张白纸可以画出最美最好的图画。用这句话来形容孩子心灵的塑造过程再准确不过了。作为父母，我们如何画好第一笔？这是必然要费心思量的。不能随便买本儿童书就塞给孩子。

多看张扬人性的书，例如《鼹鼠和小鸟》《我的爸爸叫焦尼》。人性是什么？就是拿人当人。人性的美是什么？就是拿人当人的美。人性是解放心智的前提；反过来说，解放的目的之一就是张扬人性。我们不要拿那些打打杀杀的暴力类、嗜血类、仇恨类儿童书给孩子读，暴力、嗜血、仇恨是反人性的。

多看经典的书，例如《西游记》。什么是经典？是那些经得起时间考验、常读常新、本身具有生命力的书。这些书都会借助于生动形象的描写，给予孩子一个充满想象力的空间，让孩子能够透过它们延伸对这个世界的感知与感受。解放是需要积淀的，阅读经典一定程度上是在积蓄解放的动能。

少看说教的书，对孩子进行说教的书本身就很无趣。大人孩子都一样，道理很少能够通过灌输而奏效，道理要通过感受而奏效。而且，说教事实上是越俎代庖，替代了孩子自身的思考。一个从小连思考都被替代乃至禁锢的人，怎么可能走向心智的解放？

最重要的是，阅读是培养孩子批判性思维的捷径。那么，什么是批判性思维呢？它指的是在思考中保持独立、自由、开放和怀疑的态度，不偏听偏信，不随波逐流，不轻率地下结论。例如，《狼大叔的红焖鸡》挑战了习惯性丑化狼的刻板印象，《大熊有个小麻烦》让人感受到倾听的力量，《亨利爷爷找幸运》促使孩子们开始思考“什么是幸运”。这些有助于培养批判性思维的图书，反过来又增强了阅读对孩子的吸引力。而批判性思维是心智解放的基本素质，它让孩子不受限于书本，不受限于成见，从而获得精神的自由和心智的解放。

正是得益于我们在阅读上对人性、经典一类书籍的坚持，以及对暴力、嗜血、仇恨、说教、低俗类书籍的摒弃，孩子从小就比较好地培养了批判性思维。例证之一就是，她的耶鲁大学面试官说：“给我印象最深的是你思想的独立，你不简单地跟随大流或潮流。”

附录

不严的严老师

小尹

个头矮矮的，头发长长的，脸圆圆的，老是挂着微笑。她是谁？她就是我们的班主任严老师。

严老师虽然姓严，但她其实并不严，而是很平易近人。例如下课的时候，她常常和我们一起玩。有一次我们在楼下玩跳绳。严老师也拿了根绳子加入进来。严老师跳，我们围着数“1、2、3……”。最后，我实在数不下去了，严老师跳得太快太久。还有一次，我在午托班午睡后头发松松地去严老师办公室办事情。在我准备走时，严老师拉住我的手，解下我的辫子，不紧不慢地开始帮我重梳。岳老师来了，就说：“让严老师扎辫子，你妈妈干啥了？”我一声不吭，严老师却笑着说：“我喜欢她们呀！”

严老师很会鼓励人。我考试没有考好，她就在分数旁边写个“+1”分，鼓励我下次加油。有个同学没当上班长，严老师却在期末评语里这样写道：“你虽然没有当上班长，可你却是我心中的班长。”她对其他同学也都是尽量挑优点来进行表扬。有一次，另外一位同学表演的时候总是忘台词，必须看书才能演到最后。严老师却说：“虽然有点忘词，可他能演下来已经很不错了。大家鼓掌！”

严老师特别注重我们的课外阅读，喜欢给我们推荐好书，例如，《洋葱头历险记》《爱的教育》《天蓝色的彼岸》……有时，严老师组织我们就这些书里的内容表演节目、开读书会，说不定还要化妆、换衣服呢，搞得像过节似的。

严老师还会陪我们读书。上次，她给我们发了《西游记》。但是，她怕大家不懂，就领着我们读前两章，时不时地解释一下意思，或者叫我们看看注释。对有些书，例如，《狗来了》《查理和巧克力工厂》，她则喜欢为我们做导读手册，在上面写好问题，让大家通过回答问题的方式来把书读懂。我们做完后，她会在班上组织我们讨论，引导我们该怎样去想问题。

但严老师不喜欢我们看浅薄的书。一位男生有次下课骑着书包喊道："驾！驾！"严老师问他是从哪学的。有个同学说："他是从阿衰那本书上学的。"严老师把书翻了翻说："真是衰！如果我看到你们再看这种书就没收。"

这就是我们的严老师，亲切、会鼓励人，启发我们读好书。她爱我们，我们也爱她。但愿她能一直陪伴我们到六年级。

第二章

如何让学习成为孩子的自我解放

语文教育迫切需要减轻负担，需要让孩子首先学会事实判断。语文课堂最好内外结合，保持语文的趣味性，并在课外提供多样化的视角和解释。至于作文，真实地记录和真诚地表达是关键。

数学教育着重训练孩子运用逻辑、推理和想象解决问题的能力，让他们享受独立思考和解决问题的乐趣。

英语学习方面，鼓励孩子大胆地说、写，并努力将英语内化。强烈推荐父母陪伴孩子一起听和读DK Readers、Magic Tree House、Usborne、Step into Reading等四个系列。

小学阶段的所谓偏科往往具有很大的假象，很少有真正意义上的偏科。小学阶段，广泛学习可能更为适宜，毕竟我们无法预知哪一粒种子最终会长成参天大树。

正如家庭阅读，学校教育也在帮助孩子塑造认知框架和心智地图，为他们世界观、人生观、价值观的形成奠定基础。正是在学校老师和同学们的影响下，孩子们开启独立的人生之路，朝着心智成熟的方向发展。

语文与心智解放

在塑造孩子的认知框架和心智地图方面，语文教育具有举足轻重的地位，对孩子的影响既体现在内容上，也体现在方法上。就内容而言，语文决定了孩子们将思考什么问题；就方法而言，语文决定了孩子们将如何思考这些问题。基于此，本节首先通过区分事实判断和价值判断来解释语文学科的重要性，并阐明事实判断对孩子心智发展的意义。接下来，我们将探讨如何将语文课堂内外有机结合起来，培养孩子的独立思考能力和批判性思维，并导向孩子心智的解放。

一、事实判断重于价值判断

如果对语文进行解构，其本质不就是帮助孩子更多地认识和感受字、词、句吗？然而在现实中，我们急于在孩子的大脑中打下成人的价值烙印，急于让孩子全盘接受，急于将孩子的心智变成成人价值观的跑马场。因此，我们往往忽略了语文最本真的诉求——字、词、句的优美。

孩子还小，我们首先不妨教他们进行事实判断。我们要教育孩子们在看到白的同时也看到黑，看到直的同时也看到弯，看到鲜花的同时也看到痈疽，看到蘑菇鲜艳的一面的同时也知道它极可能有毒，看到气球竟然可以吹到这么大的同时也知道它极可能会炸裂。总之，不完整的事实地图可能会让孩子过早地失去对事实判断的能力，从小缺乏对事实多面性和复杂性的认识。

事实判断才有对错之分，从而才有标准答案；价值判断只有认同和不认同之别，本质上没有标准答案。例如，当说到“秦始皇没有焚书，也没有坑儒”，这是一个事实判断，因为历史文献对焚书坑儒都有记载，所以这种说法是不符合历史事实的，是错误的。同样，“秦始皇焚书三千、坑儒三百”，这也是一个事实判断，理论上，其中的数字是可以验证对错的。然而，焚书坑儒到底是该被挞伐还是该被歌颂，其性质到底是严重还是不严重，或者说它的历史意义抑或历史教训是什么，这些就是价值判断的问题。例如，郭沫若在20世纪40年代曾激烈抨击焚书坑儒，他说：“春秋末叶以来，蓬蓬勃勃的自由思索的那种精神，事实上因此而遭受了一次致命的打击。”[①]这就是价值判断。

正是因为价值判断无所谓对错，只存在你认同不认同，所以，随着外部环境和个体认知的变化，同一个人时常会在不同时期对同一事情做出不同的价值判断。像郭沫若在20世纪40年代那么激烈抨击焚书坑儒，到了60年代初却又对焚书坑儒做出了新的正面评价：

以焚书而言，其用意在整齐思想，统一文字，在当时实有必要。然始皇所焚并不多，书多藏在官家，民间欲学书者可就官家学

① 郭沫若. 郭沫若全集·历史编·第二卷[M]. 北京：人民出版社，1982：445.

习，此犹今之图书馆也。[①]

这清晰地展现了价值判断与事实判断的天壤之别。事实判断具有唯一性，而价值判断是多元的，并且可能随时间变化。

如此看来，孩子的语文学习因为承担了与其字词句本位功能不相符的额外负担而显得沉重。但孩子毕竟年幼，对他们漫长的人生而言，从小先学会事实判断，再进行价值判断不迟。而且，一味追求高大上的价值判断，只会愈发凸显包括孩子在内的常人的渺小，这或许唤起的不是孩子对该价值的追求，极有可能是相反的结果。由于渺小而产生的自卑感、无力感，容易使人对价值产生怀疑。

心智解放，应让孩子先从价值判断中解脱出来，而非让价值判断先行；从肯定事实判断起步，赋予事实判断以优先性。

二、课堂内外结合

在英文世界，一般历史书通常叫“a history”，很少有人敢称“the history”。为何？因为没有什么是定论性的，没人能完全把握全貌，我们都只是触及部分，如同盲人摸象。因此，一种视角很可能被其他视角质疑和追问，或许还有更多视角等待我们发现。所以，在教育孩子前，我们自己要先认识到这世界或许并无唯一真理、终极真理。否则，真理将永远遥不可及，而我们只能永远在探寻的道路上前行。接近真理须仰赖独立思考和批判性思维，也就是心智的解放。

胡适引用宋朝张载的话，告诫唐德刚要“在不疑处起疑”。

① 郭沫若. 郭沫若全集·文学编·第十六卷[M]. 北京：人民出版社，1989：315.

在教育孩子时，我们也应贯彻这一原则，拓宽孩子的阅读面和知识面，为孩子提供更多阅读方向，让孩子从小就不局限于一种阅读、一种说法、一种解释。这也是批判性思维的应有之义。当然，这种教育需要课堂内外相互配合。

我们孩子的小学语文老师严老师是一位注重孩子多面向阅读的老师。她语文教学的显著特点是，在教学过程中引导孩子们关注和体味文字本身的美感，避免一带而过。这样做的好处是为孩子们节省大量课堂讲授时间，从而有更多时间带领孩子们在课堂上阅读课外书。基本上每学期过了三分之二，严老师就完成教材讲授，带孩子们开展课外阅读，且采用与课本相同的精读方式，进行字词句的疏通，引导孩子们通过阅读感受文字美和作品的文学性。

孩子告诉我们，有一次严老师在课堂上讲到日本地震时，有小朋友为地震叫好。严老师严肃地回应道："日本人也是人。"这不仅是人性的彰显，也是培养孩子多角度思考的有效途径。

在课堂之外，对于书本上的人物，我们尽力为孩子补充他们作为普通人的一面，以使人物形象更加完整，也有助于孩子形成自己的价值判断。我们会通过一些常识和具体的历史事实，让孩子明白，这些人跟我们一样，也要吃饭、穿衣、洗澡、睡觉，有时候也会像我们一样展现出人性的弱点。这些行为、不足和缺陷，几乎是人人都难以完全避免和克服的。总之，我们尝试将那些书本上被神化的人物请下神坛，尽可能让孩子感受到他们作为普通人亲切和真实的一面。

三、回归汉语言文学的美

或许是受到韩愈“文以载道”观念的影响，在语文学习中，“文”往往沦为“道”的工具与手段，而“道”则成了“文”的目的所在。这也难怪我们在学习语文时，常常会先问：这篇课文讲了一个什么道理？实际上，诸多优美的语言文字本身并不一定是为了阐述某个道理，如《春江花月夜》《西厢记》《边城》等。语文，本就是语言、文字、文学的简称，应该回归到汉语言文学自身所蕴含的美之中。倘若孩子在课堂上对这方面的体会有所欠缺，那么父母们便可以适时地加以补充。

语文的基本构成要素是字、词、句，其基本诉求在于熏陶孩子去体味语言文字所具有的美感，培养孩子对汉语言文学的热爱。同时，使孩子们能够从语文学习中获取精神上的愉悦之感，并且学会表达自己的心情、感受以及想法。以《小壁虎借尾巴》为例。与其在其中苦苦寻找一个道理出来，或者着重于向孩子灌输壁虎尾巴的再生知识，我们不如带孩子感受壁虎在这过程中的心情起伏。例如，逃脱时候的努力（“一挣”），失去尾巴的失望、沮丧（“多难看啊！小壁虎想，向谁去借一条尾巴呢？”），借尾巴的艰难、辛苦（“爬呀爬”），借不到尾巴的难过（“心里很难过”），尾巴失而复得的开心（“高兴地叫起来”）。

对汉语言文学的美感，没有必要进行过多的分析，不妨带着孩子去阅读、模仿并感受。在陪伴孩子阅读《城南旧事》时，我们会针对一些片段引导孩子回味文字营造出的现场画面感。例如：

兰姨娘用一只银签子从一个洋钱形的银盒里挑出一撮烟膏，在烟灯上烧得嗞嗞地响，然后把烟泡在她那红红的掌心上滚滚，就这么来回烧着滚着，烧好了插在烟枪上，把银签子抽出来，中间正是个小洞口。烟枪递给爸，爸噘着嘴，对着灯火窄窄地抽着。[①]

通过陪伴阅读以及适当点拨，我们着重让孩子体会作者如何运用一连串的动词，将我们带入兰姨娘娴熟地烧烟以及爸爸享受地抽烟的现场。

再如，我们曾陪伴孩子阅读李清照的《点绛唇·蹴罢秋千》。这首词讲述了什么道理呢？并没有。但是，这并不妨碍它凭借语言文字之美而成为千古名篇。

蹴罢秋千，起来慵整纤纤手。露浓花瘦，薄汗轻衣透。
见客入来，袜刬金钗溜。和羞走，倚门回首，却把青梅嗅。

通过与孩子分享，她明白了作者是如何生动地展现出少女害羞、活泼的情态的。

四、语文学习不能离开课外阅读

除了课堂，课外阅读无疑也是语文学习不可或缺的部分。如果说课堂教育是在为孩子的心智进行布线的话，那么课外阅读就像是散点，点多了，自然也就成了线。一般而言，对孩子的课外读物，我们大体上在她阅读之前都会翻看一下。总体原则是，宁缺毋滥、多多益善。这看似矛盾，实则不然，前者是后者的底线，后者则是

---

① 林海音. 城南旧事[M]. 北京：人民文学出版社，2008：99.

前者的升华。

像林海音的《城南旧事》就是一本非常值得孩子们阅读的好书，该书以孩子的眼光来观察成人的世界。在让人忍俊不禁的同时，它也让人为那些逝去的光景而心生感念，为那些善良而卑微地活着的人们而唏嘘不已。我们孩子把这本书来来回回看了四遍。不过，由于她年纪尚小，有一个细节她没有注意到，那就是小桂子母女俩最后离世了。这从宋妈和英子妈的对话中，宋妈那句把小桂子衣服在铁道旁边烧掉的话里隐隐透出，这是当时对待逝者衣物的一种习惯。考虑到这个细节所蕴含的悲剧色彩，我索性选择了沉默。这样，孩子一直停留在小桂子母女登上列车去找爸爸的美好想象之中。

至于该不该让孩子阅读四大名著，我认为是应该的。正如牟宗三所言，这些名著折射出的是国民性格，也是我们民族的通用语言。无论你读或者不读，这些文化基因都始终流淌在我们的血液之中。核心或许并非读与不读的问题，而是父母如何帮助孩子去阅读这些名著的问题，尽可能地消解其中包含的毒素，例如暴力、权欲、尔虞我诈等。

总之，之所以在语文方面花费这么多笔墨，从课堂写到课外，是因为在孩子们心智急剧“分蘖”的童年阶段，语文直接关系到他们是否能够自由地去发展自己的心智，解放自己的心智。

作文与心智解放

作文本就是语文的一部分，之所以单列出来，是因为作文在童年教育中的重要性和难度。对大多数孩子来说，作文多少是挑战；

父母要帮助孩子由词到句、由句到段、由段到篇，一步一步、慢慢地适应。越是靠前的阶段，越需要父母细致、耐心，不厌其烦，正面鼓励孩子，花时间陪孩子写。

一、消除对作文的恐惧感

父母要做的是帮助孩子消除对作文的恐惧感，尽力让孩子理解作文的平常性。有些父母可能会说："我自己当年作文都不太好，怎么指导孩子呢？"说这种话，一小部分原因是在推卸责任，而大部分原因则与我们当年所习得的以编造、矫情、不忠于内心为特色的作文写作模式有关。否则，作文其实就跟说话一样，是一种表达，没有什么难的。为此，父母自己先要从当年那种矫情与编造的作文模式中解放出来。作文即说话。我们指导孩子，就是要指导孩子说人话、说孩子话，把心里所想表达出来，再把所说的写下来。这就是作文，就是这么简单。

我们刚开始训练孩子写作文时，大体上就是按照这样的思路进行的。在动笔之前，我们通常会进行一场看似随意的谈话。例如："你觉得今天最好玩的事情是什么？""你觉得哪些事情给你留下的印象最深刻？"由于很多活动是和孩子一起参与的，所以我们有时会帮助她回忆那些有趣的事情。对那些有趣的事情，不断地追问，让孩子尽可能回忆起更多细节，尤其是一些有特色的动作、生动的话语。总之，我们鼓励孩子说出那些她认为精彩的部分，保留那些记忆深刻的内容。于是，孩子讲得绘声绘色，眉飞色舞。等她讲完了，我们就说："哇，这么好玩？你看，你把这些写到纸上不就是一篇十分精彩的作文吗？好，赶快去写吧，免得精彩的内容从脑子里溜走啦。”于是，孩子就开开心心地去写了。在孩子刚开始学习作文的时候，我们大体上都是这样鼓励她的。

不会写作文的孩子各有各的烦恼，但会写作文的孩子有相似之处，那就是广泛的阅读。古人云：“熟读唐诗三百首，不会作诗也会吟。”同样地，熟读图书三百本，不会写作也会写。尤其在孩子年幼的时候，父母的陪伴阅读就是最好的作文基础教育。有了阅读这一良好的基础，孩子写作文就不会那么困难了。

具体到作文本身，它原本就没有固定的写法，而那些所谓的技巧大多是束缚孩子们思维的条条框框，孩子们记得越多，就越容易被这些技巧束缚。孩子在克服了畏难情绪并进行了广泛阅读之后，写作文时，只要恪守一个“真”字就够了。什么是“真”呢？就是真实地记录自己的所见所闻，真诚地表达自己的内心感受，也就是鲁迅所说的作文秘诀：“有真意，去粉饰，少做作，勿卖弄。”[①]

二、作文首要的是真实

真实，就是不写假话，不写谎话，只写真实存在的东西。看到什么就写什么，不要臆测没有看到的：是黑色的就不要写成白色的，是阴雨绵绵就不要写成阳光灿烂。

孩子毕竟年龄太小，所以父母要跟孩子讲清楚三对概念之间的区别，这三对概念与真实的相关性都极高。

首先是童话和谎话之间的区别。童话是对现实的一种想象，从事情的角度来看本身就是不真实的，比如，龟兔赛跑。谎话则是把

① 鲁迅. 作文秘诀[M]//鲁迅全集：第四卷. 北京：人民文学出版社，2005：631.

现实中不存在的说成存在的，比如，指鹿为马。

其次是夸张和假话的区别。最典型的例子是李白的“白发三千丈，缘愁似个长”。头发不可能有三千丈那么长，这是对白发长度的夸张，但“白发”是真实存在的，“愁”也是真实的情感。而如果李白明明是白发却写成“黑发三千丈”，就是假话了。

最后是比方和假话的区别。比方是眼前真实的东西触动你联想到其他类似方面的东西，是你心里真实地想到或者曾经想过的；假话则是眼前没有的东西被你写成眼前有的。例如，敦煌那高高的鸣沙山是孩子曾经真实见到的。我们问她，鸣沙山像什么？她说，像个大冰淇淋蛋筒。这就是比方，孩子见到了沙漠从而联想到了冰淇淋。但是，如果在作文里写你看见的就是个冰淇淋，就是假话了。

那么，如何做到真实呢？一个很好的方法就是把人物或者事情写得生动且富有现场感，让读者如同身临其境一般。也就是说，尽可能地把读作文的人带到现场中，让没有去过现场的人也能感觉到好玩、开心。例如，有些活动我们没有陪孩子一起参加。那么，我们就会跟她说：“爸爸妈妈今天没有去，你要争取把我们带到你今天的活动现场去。什么意思呢？就是爸爸妈妈看了你的作文后，能够知道现场的花儿开成什么样子，知道那些花儿是什么样的香味，菜好不好吃，猫儿跟狗儿又是怎么抢骨头打架的……”后来孩子长大了一些，我们就直接跟孩子说：“写作文要学会调动自己的五官感受现场，然后通过描写把这些感受传递给读你文字的人，让他们仿佛和你一起到现场去听、去看、去摸、去闻、去品尝。”

然而，现场往往活动繁多，孩子该如何处理呢？这时，要引导孩子在动笔之前想一想，把那些最精彩的、印象最深刻的内容写出来，同时避免事无巨细、记流水账，而是要有重点、有层次地表达。否则，哪怕只是平常的一天，也难以在一篇作文里写完。也就是说，每一篇作文都需要有一个非常明确的主题。确定主题后，凡是跟主题关系紧密的事情就多描写细节，凡是跟主题关系不紧密也就是不怎么重要的地方就一笔带过。

三、作文还要真心

真心，就是鲁迅所说的“有真意”，就是真实地表达自己的感受。喜欢就写喜欢，写清楚你为什么喜欢，是怎么喜欢的，有哪些表现；讨厌就写讨厌，写清楚你为什么讨厌，是怎么讨厌的，有哪些表现；有时喜欢有时讨厌，就写清楚哪些时候是你喜欢的，哪些时候是你讨厌的。

到了高年级，真心在作文中就变得更为重要了。我们要教育孩子学会通过文字来表达自己的情绪和感受，让孩子理解作文的最终目的是表达。例如，写敦煌，是为了表达对敦煌的热爱；写春游，是为了传达春游带来的美好感受；写老师，是为了表达对老师的看法。

同样是花草，人们往往会因为心情的不同而对花草进行截然不同的描写。为什么呢？就是因为花草万物都不过是人们心情的表达。例如，杜甫想到战乱，看到花儿都伤心：“感时花溅泪，恨别鸟惊心。”心情好的时候就写：“黄四娘家花满蹊，千朵万朵压枝低。”到成都武侯祠怀念诸葛亮，感叹生不逢时，连草儿鸟儿都蔫蔫的：“映阶碧草自春色，隔叶黄鹂空好音。”

不光是花草，人的言行更是用来表达心情、传递感受的。李白在唐玄宗召他进京时，“仰天大笑出门去，我辈岂是蓬蒿人”；杜甫得知官军收复失地，“漫卷诗书喜欲狂”；李清照在国破家亡之际，“物是人非事事休，欲语泪先流”。所以，任何文字都是用来表达自己的心情、感受或看法的。

当然，心情和感受最好通过具体描写你与其他人之间的对话、动作来传递。否则，如果你总是写“我高兴极了”“我开心极了”，一方面会让人怀疑你是不是实际上不高兴却假装写高兴；另一方面，无论你怎么重复“我高兴”，别人还是无法了解你当时究竟是怎么高兴的。就像上面提到的那些古诗词，它们都是用来表达情绪的，却并没有通篇絮叨“我多开心”或者“我多难过”，而是通过描写景物、语言、动作来达到表达的目的。例如，《城南旧事》写妈妈生气的那一段，没有一个“气”或“怒”字，却能让人感受到妈妈气极的心绪。

妈绷住脸，抓起那匹布的一端，大把地一攥，拳头紧紧的，像要把谁攥死。手松开来，那团绸子也慢慢散开，满是绉痕。[①]

四、由真实到真心是一种挑战

由真实上升到真心，对孩子来说确实具有一定的挑战性，因为这要孩子慢慢学会将自己的心情和感受融入对事情或人物的记叙之中。

有一次，我们孩子写关于打网球的作文。当时她最开始打得不

① 林海音. 城南旧事[M]. 北京：人民文学出版社，2008：98.

好，后来耍赖不下场，到最后打得还不错。但是，她的作文写出来却干巴巴、冷冰冰的，只是简单地描述挥拍、接球，以至于她妈妈笑着说："写作文又不是叫你写网球动作指南。"我也说："你一个新手，写网球动作指南谁愿意看？也不会轮到你写呀。"

于是，我们像往常一样尝试通过追问的方式，促使孩子打开思路。

我问："你今天打网球，最大的感受是什么呢？"

孩子答："气自己。"

我问："你气自己什么呢？"

孩子答："球打不好。"

我问："你是怎么打不好球的呢？"

孩子答："老是下网。"

我问："那你又是怎么把你这种生气表现出来的呢？"

孩子答："摔拍子。"

我问："那你后来干吗还要打到最后呢？你当时是怎么想的呢？"

孩子答："越打不好，越要努力地去打。"

我问："那你又是怎么调整自己，坚持下来了呢？"

孩子便就她在球场上的具体表现说开了……

我说："作文就是要描写你在球场上的这些动作表现。但是，你写这些动作的目的不是教人家怎么打网球，而是表达你的心情和感受。李白、杜甫写花草，有没有写花儿有多少瓣，草又要浇多少水？没有。为什么？因为他们写花草的目的不是教你认识花或者种草，而是表达自己当时的感受。"

通过这种引导，孩子清楚了作文的目的就是真实地表达自己内心，“我手写我心”就是作文的最佳境界。

追求真实、真心，回归自我，作文就会变得好写多了，不再是苦役，从条条框框、高大上中被解放出来。与此同时，获得解放的还有心智，因为不必再戴着面具，而是直面现实；不必再虚情假意，而是“我手写我心”。这样既解放了作文，又解放了心智，一举两得，何乐而不为？

数学的快感

就小学阶段而言，树立孩子对数学的信心，培养孩子的数学思维而非技巧，可能更为重要。普通孩子是否真的有必要个个都学奥数？这值得父母们深思。

我们女儿在三四年级的时候，有时会说自己数学差，主要指的是数学测试成绩，尤其在与他人比较后。但她说的“差”，往往会成为她日后在这门课上不努力的借口。而且通过对孩子试卷的分析，我们觉得她解决数学问题的思维能力以及空间想象能力还过得去。于是，我们便分析给她听，让她认识到这种自我判断的依据并不充分。后来，孩子不再把“数学差”挂在嘴边，慢慢消除了对数学的畏难情绪。

其间，我们也买过几本奥数书带她学习，但总觉得有些枯燥乏味，便放弃了。我们不喜欢孩子死记硬背数学公式来解题，更倾向于她像解鞋带一样去理解公式演变的逻辑。而且，数学总体来说对孩子的要求可能高了一些，也超前了一些。数学毕竟是抽象的学科，孩子们在这个年龄段还是主要发展形象思维更合适。

对于小学而言，数学教育或许应该主要训练孩子通过逻辑、推理、想象来解决问题的能力，让孩子体会那种通过自己独立思考解决问题的乐趣，享受直面数学挑战带来的乐趣。至于数学技巧，与其强调记忆，不如陪孩子搞清楚其来龙去脉。例如，$1/[n(n+1)]=1/n-1/(n+1)$。在让孩子记住这个等式之前，我们先通过具体数字的代入演算，让她清楚其由来，体会到问题迎刃而解的快感。

我们孩子对数学态度的转变，很大程度上是在澳大利亚逐渐完成的。在澳大利亚，尽管自学对孩子来说是一种挑战，但也反过来锻炼了她，强化了她的自主学习能力。在图书馆五楼自习区，她一边看课本，一边在草稿纸上写写画画。遇到不懂的地方，她就跑过来问我，我一般都不跟她坐在一起。同时，她妈妈给她寄过来两本课外书，一本是每天五分钟练习的《口算心算速算天天练》①，另一本是单元测试题集。孩子基本上能够自觉地在“课本—练习—单元测试”三者之间循环往复。这种自学的结果就是，她回国后的数学成绩不但没有掉队，反而继续名列前茅。这不但提升了孩子对数学的自信心，也进一步提高了她对数学的学习兴趣。

由孩子的这段经历，我们认识到自主学习对数学的重要性，并降低了为孩子报数学课外辅导班、奥数班的兴致。此类辅导班的好坏暂且不论，单就实质而言，大体上是父母在教育孩子方面的惰性所致，将陪伴孩子、教育孩子的责任推给辅导班，自己当起了甩

① 这一系列教辅书由严军主编，江苏人民出版社出版。该套书的初中版、高中版质量都很高，我们女儿初中和高一就把这套教辅书当作课外作业来完成。

手掌柜。而这种教育的惰性思维反过来也会传递给孩子，让孩子以为只要上了辅导班，数学考试就高枕无忧，导致他们在课堂上不认真听课。这样，一方面，孩子在数学学习上的自觉性和主动性不够；另一方面，孩子在辅导班上很可能一知半解，势必反过来影响其在学校数学课堂上听讲的积极性。至少我们孩子自学数学的实践说明，在数学学习方面，自主学习的主动性越强，效果可能越好。

对于那些让孩子感到畏惧的应用题，问题往往不仅限于数学领域，更多地涉及语文能力。如果孩子平时课外阅读量不足，字词积累有限，他们在理解数学应用题的题意时就会遇到困难，这通常被称为审题不仔细。这种情况反过来强调了前面提到的语文学习和课外阅读的必要性和重要性。

一些家长轻视小学数学，认为很容易，孩子考差一点没关系，以后能补上。其实不然，因为数学不像语文或者英语，可以通过局部突击来提高。数学从小学到初中、高中，一环扣一环，紧密相连，而且每个数学知识点都需要通过大量练习来巩固，才能真正掌握。

小学数学学不好，初中数学必然会受拖累，高中数学往往会掉队。到那时，父母和孩子只能干着急，再怎么补习也大多只是自我安慰。所以，抓好数学，务必从小学开始，从帮助孩子掌握知识点，体会解题乐趣，培养数学思维和主动学习习惯开始。

英语表达的内化

英语学习的道理与语文类似，都是对语言、文字的学习与掌握，都致力于对字词句的熟悉、欣赏、借鉴与模仿，都是为了记录各种事实和表达感受。只不过学习语文有语言环境，而学英语缺乏这样的环境。因此，父母不妨尽可能创造英语的语言环境，例如，原版绘本、原版故事书、英文歌曲、英文动画片等。强烈推荐DK Readers、Magic Tree House、Usborne、Step into Reading这四个系列的英文读物。父母最好参与进来，和孩子一起读、听并学着说。这四个系列不必同时进行，选择其中一个系列坚持下去，必定会有效果。

在创造英语环境方面，北京一位妈妈做得较出色。她从孩子小学三年级开始一直到初中，坚持请家教给孩子补习英语。她精心挑选英语水平高的大学生做孩子的英语家教老师。请家教不是为了提高孩子英语成绩，而是为了给孩子创造一个讲英文的环境，并树立一个学习的榜样，让孩子从小就与优秀的大学生接触。这种做法既有利于孩子受到优秀大学生的影响而形成良好学习习惯，也锻炼了孩子的英文能力。

我请一个姐姐来给你辅导英语，但是上课的内容不是课本，不是教科书，而是到书店，挑你自己感兴趣的书，回来让她和你一起读，因为姐姐的英语很棒，所以能给你很大的帮助。①

还有一种创造英语环境的变通方法是，如果条件允许，假期带孩子到国外去，不是去旅游，而是直接把孩子送到外国的幼儿园或者小学。孩子越小，习得语言的潜力越大。对孩子来说，在国

---

① 郭力，张玲玲. 柔性的专断：耶鲁女孩成长手记[M]. 北京：北京联合出版公司，2018：81.

外环境中讲英语不是学习，不是负担，而是模仿，是日常生活的一部分。

不要让孩子从小就把英语当作一门知识来学，一会儿孤立地从嘴里蹦出一个“banana”，一会儿毫无头绪地蹦出一个“rabbit”。相反地，引导孩子说整句英语，从最简单的整句开始，例如“This is a banana.”，引导孩子以对待汉语的平常心来对待英语。这样引导会帮助孩子逐步消除对英语的畏惧感和神秘感，增强孩子说英语的信心和语感。我们不必过于担心孩子英语运用正确与否；鼓励孩子大胆地说，大胆地写，大胆地表达自己，从而着力将英语内化。例如，适当鼓励孩子用英语写日记也许是一个不错的方法。总之，英语学习最终的效果取决于孩子的英语内化程度。

对英语，我们起初要求女儿熟练掌握书本上的所有单词，因为发现她还有个别单词出现拼写错误，同时还坚持让她做作业，同样地，孩子当时对英语考试也有非得一百分的心理。但慢慢地，我们和英语老师都觉得这些要求有些多余，于是，从小学一年级下学期开始，孩子就连英语作业也不做了，这为她节省出了玩耍的时间。

不过，她并没有放松英语学习。她会自己带课外书去英语课堂上看，后来，我们偶然发现孩子能正常阅读《新概念英语》第二册，这套书就成了她正式的英语课本。她完全自学，我们只是不定期地负责听写单词，检查课文背诵。学习英语，背诵还是有必要，不仅为了熟悉流利的表达，体验英文思维和英语语感，也是孩子的记忆力所允许和擅长的。到《新概念英语》第三册时，我们只要求她熟读课文，但还是要求她正确拼写单词。

小学四年级到澳大利亚学习后，孩子的英文课外阅读文献丰富起来，她每天晚上在大学图书馆待上一两个小时。不过，在她有了一定量的阅读储备后，加上班主任Mr. D扩大词汇量的要求，我适时跟女儿讲述了精读和泛读的关系。孩子听了，说："我到这里记的单词，还没有在国内多。"

于是，我们从图书馆借来4000 Essential English Words（Book 3-5），该系列的编排类似《新概念英语》。其话题都十分轻松，没有讲述什么大道理，只是将一个个历史或现实故事串联起来，例如贝多芬的一生、外星球、泰坦尼克号等，充满了童心、童真、童趣。这些英文书以叙述为主而非抒情，即便描写贝多芬、华盛顿这样的伟大人物，也主要是突出他们作为普通人的一面。

我们女儿像在国内精读《新概念英语》一样进行学习，学习时间由她自己安排。她从头开始熟读第三册，大体上能掌握所有单词，于是，直接转入第四册的学习。我们的思路是，先让她多接触可能的陌生单词，再回头来熟读低一级的课本，以便尽量将英语表达内化。

避免孩子"假性偏科"

对于学校课程，我们不鼓励孩子偏科。因此，在她刚上小学时，我们没有考虑过申请语文或数学的特长班，而是让她进入普通班。实际上，孩子们对科目的喜好往往受到家长知识结构、对授课老师的喜爱程度、考试成绩等多种因素影响。因此，小学偏科一定程度上具有假性成分，很少是真正意义上的偏科。小学阶段或许还是广泛涉猎各种学科为好，因为谁也不知道当初播下的哪一粒种子日后最有可能长成参天大树。

针对孩子的具体情况，我们主要通过餐桌聊天的方式防止她主观上排斥数学。数学与生活的密切关系随处可见，比如，买衣服要考虑尺寸，旅游要做预算，跑步要计时。数学是整个理工科的基础，数学不好，理工科的根基就不稳，而放弃数学无异于放弃了人类学科的半壁江山。

总之，小学时对任何学科的学习或放弃，以后都会以乘数效应放大，就像一个开口面向未来、两条边无限延长的角。而且，学科之间本就相互依存，语文中有数学元素如时空概念，数学里有语文要素如审题。分科教学只是为了教育的便利而不得不采取的方法。两条腿走路肯定比跛脚走路走得更远。

专注力的塑造

专注是学习中非常重要的一种素质。其实，孩子本来就很容易集中注意力，因为他们本就没有大人那么多杂事、杂念。但是，对电视、手机等电子产品的依赖是导致孩子容易分心的重要因素[①]。同时，无微不至的家长一会儿不许孩子做这个，一会儿不许孩子做那个，一会儿喂牛奶、一会儿喂水、一会儿喂苹果，这些行为才是摧毁孩子注意力的“利器”。后来到学校，一些老师让学习变得枯

① 德米尔热在《制造白痴：电子产品如何威胁下一代》中说：“就整体而言，科学文献明确而一致地表明，在家中使用电子产品会使儿童的学习成绩明显下降。无论性别、年龄、家庭背景或分析方法，使用电子产品均与学习成绩呈负相关。”

燥无聊，使孩子愈发难以集中注意力，这也是不少孩子做作业老是磨蹭的原因。可父母往往还“火上浇油”：孩子在做数学作业，你说不对，你应该先做语文；孩子在做语文作业，你又打岔，问今天上课表现怎么样；孩子说不怎么样，你又责怪，怎么能这样跟父母说话；孩子不说话了，你又质问，怎么这么长时间还没做完？

我们家很少开电视，孩子偏好阅读对培养她的注意力很有利。她小学之前基本上由外公外婆“放养”，没有那么多过度的关注来干扰孩子的注意力。上小学后，老师们总体不过分关注学生成绩。这样，直接的效果就是孩子做作业不拖延、不熬夜。

平日里，我们也尽可能保护孩子的注意力。比如，那卷尺坏了，女儿拿起断了的尺子像舞绸缎一样转着圈子舞动起来，我话到嘴边又咽了回去。国外上学时间没那么早，孩子醒了后总爱赖一会儿床，赖一会儿就赖一会儿吧。该吃晚饭了，她说“城堡”还没建好，那就继续建吧，反正不像早晨那样要正点上学。女儿借了一本新书*Moon at Nine*，我拿起来翻了翻，这本书讲的是伊朗军政权下一个女孩因为音乐而喜欢另一个孩子的故事。我刚想皱眉头，却听到女儿津津有味地说着书里的情节。我便顺着她的兴趣，和她一起讨论专制政权如何扭曲和压抑人性。

回过头来看，女儿的注意力训练应该是从小时候阅读绘本上的图像开始的。那小小的心灵在想些什么？谁也不知道，但那份专注透露出的是对图画世界的好奇。而每每此时，我们就想，让她静静地看会儿书吧，看书总是好事，正好自己也能趁机清闲一下。现在想来，这恰恰客观上保护了她的注意力。培养孩子注意力的最佳方法，就是不打搅孩子。

不过，上述家长的那些干扰行为，有些我也曾有过，后来看了一些书，再加上她妈妈的提醒，我才比较自觉地开始保护孩子的注意力。所以，后来凡是她在专心做的事情，例如自言自语地玩游戏、吹笛、写作业、看书、画画等，我们都尽量不打扰，直到她从事情中“走”出来。尤其念及现在，新媒体就像切方片糕的刀片一样将人们的时间和注意力切割得七零八落，再加上四处弥漫的浮躁与焦虑，使人们不费九牛二虎之力也很难将注意力凝聚于一点。在这样的背景下，珍惜和保护孩子的注意力就显得更加必要了。

良好习惯的养成

就学习而言，小学是培养孩子诸如专注、质疑、自主学习等良好习惯的关键阶段，这些良好习惯也是解放心智的有机组成部分。为此，父母不能忽视这一阶段，宜多多陪伴孩子，在与孩子的朝夕相处中，帮助孩子发现并形成最适合自己的学习习惯。一旦孩子养这些良好的学习习惯，不学习就会变得轻松起来，父母自己也会省心很多。

一些父母认为，小学阶段的知识能有多难？他们因此轻视小学教育，放松对孩子在学习习惯养成方面应有的引导与培养。他们崇尚简单意义上的“快乐”“自由”，实质是撒手不管、放任自流。他们认为小学教育应以玩乐为主，中学再努力也不迟。

殊不知，正是因为知识不太难，课业负担不太重，孩子相对轻松，小学阶段才成为培养孩子学习习惯、训练孩子解放心智的最佳时期。否则，一旦进入初中，课业压力陡然增加，而孩子学习习惯已被破坏，他们就势必同时在两条战线上作战，一是完成课业，二是纠正不良学习习惯。这样的话，他们会因疲于奔命而日益疏于课外阅读，心智也会越来越被束缚和禁锢。简而言之，如果忽视了小学阶段对孩子学习习惯的培养，孩子到了初中还是要补这一课的，到时付出的将是心智成长受阻的代价。

无论是孩子小学阶段学习习惯的培养，还是初中阶段学习习惯的“补课”，家长的陪伴都是必要的。换言之，家长如果没有在孩子小学阶段陪伴孩子完成习惯培养这一过程，那么在孩子中学阶段，还是要像孩子一样将落下的这一课补上。这也从另一个层面体现了父母陪伴孩子成长的重要性。

考试的意义

在中国，谈论学习时，考试往往是一个无法回避的话题。然而，在教育孩子时，我们极力淡化考试的意义。正如生命的意义在于生命过程一样，考试的意义在于孩子为考试而准备的过程。孩子努力过、付出过，问心无愧，这就够了。考试成绩并不重要，它仅仅是一个分数，代表的是过去；其意义在于揭示他们成长道路上可能遇到但被忽视的问题。从这个角度讲，考试又意味着开始，是面对未来、重新出发的起点。

总体来说，我们不太关心孩子每次考试的分数。一般都是孩子主动汇报说今天考试了，我们随口问一下怎么样，然后问主要失分在哪里。如果失分严重，我们就一起分析原因，若是一般的粗心问题，就提醒一下孩子而已。

另外，父母不要总将自己的孩子和其他孩子相比，而是要让孩子从小学会只跟自己比。每个人成长的环境不一样，父母也不一样，这必然导致不同的孩子有不同的考试结果，有什么可比性呢？所以，在考试这件事情上，父母尽量别对孩子说“你看看×××多棒”，或者问孩子“你考了多少名？”。

中国孩子的考试压力普遍较重，且他们未来还要经历许多考试。小学阶段的考试压力，还是尽量为孩子减免吧。

说到底，我们做这一切都是为了让孩子尽可能地轻松一些，压力小一些。我甚至觉得，孩子童年教育成功的关键就在于父母为他们撑起一片相对轻松、自由的天空。否则，孩子这么小就承受那么大的压力，灵魂难以轻盈，想象无法展翅，心智的解放又怎么可能实现呢？

附录

草

小尹

我读过一些有关草的作品和古诗，例如，朱自清在《春》中这样描写小草，“小草偷偷地从土里钻出来，嫩嫩的，绿绿的”；还有白居易的诗写道，“离离原上草，一岁一枯荣”。但我想写草，更多是因为草给我留下了许多美好的回忆。

去年暑假，我和爸爸、表哥来到了内蒙古大草原。放眼望去，绿油油的草原一望无际，在天边，草原仿佛和天融为一体。草原上点缀着黄色、红色、粉色的小花，一阵风吹过，草儿就像海浪一般，一波一波地起伏。我在草丛中追逐着蜻蜓，钻来钻去，蹦蹦跳跳。虽然这片草原不像以前那样“风吹草低见牛羊”了，但它依然很可爱。

我们学校的草坪光秃秃的，青草短短的，干草枯枯的，可我还是喜爱它们。一年级上体育课时，我经常和朋友在草坪上捡树枝，东奔西跑。那时，草坪真像一只毛发快要脱落的老狗，静静地看着我们这些精力充沛的“小狗”在它怀里玩耍。每次捡累了，我就会坐在草坪上，抛一抛干草，休息一会儿。等我再长大一些，到了三四年级，每当玩累了的时候，我就喜欢找草儿茂盛的地方躺下，静静地欣赏一会儿蓝蓝的天空。那些茂盛的草儿翠绿翠绿的，生机勃勃地挺立着，和周围那些衰老的草儿显得格格不入。

不过，干草也有干草的好处。有一次，学校举办展演，同学们一坐下来就开始玩干草。我先把干草扒出来，堆成了一个比碗还大的鸟窝。其他同学也不甘示弱，有的竟然堆出了一座小山。面对我们的这些举动，草坪默默地忍受着，默默地亲近着我们。

荔香公园的草坪也给我留下了美好的记忆，那里总是热热闹闹的。它的草儿覆盖了所有的土地，短短的、绿绿的、胖胖的，像一张巨大、柔软的地毯。我喜欢在上面打滚，弄得头发上、衣服上、鞋子上全是草，像个“稻草人”。在荔香公园，我和爸爸妈妈野餐过，也和同学们一起做过图腾柱。在这里，严老师还曾带着我们一起，边寻找创作题材边游玩呢。

草儿给我的记忆太多了，我还在悉尼的草坪上喂过鸽子，在我们家小区的草坪上跟妈妈学过瑜伽，在塘朗山的草坪上拍过夕阳。

草儿真是我们的好朋友，它们虽然微不足道，却一直默默地陪伴着我们成长。写到这儿，我不禁轻轻地哼唱起那首名叫《小草》的歌：“没有花香，没有树高，我是一株无人知道的小草……”

第 三 章

“业余”应该成为孩子解放心智的“自留地”

孩子们培养业余爱好的最佳状态是，父母辅助孩子自我探索，而非以爱的名义，将自己的兴趣强加给孩子。

让孩子在自然中游戏是好的，让他们在亲近自然中本真地描绘出他们的第一笔色彩。

现代游戏丰富了孩子的体验，但也占用了他们的阅读时间。游戏所传递的价值观是否有利于孩子成长，也是个问题。

孩子的业余兴趣应保持快乐与坚持的平衡，父母的引导、陪伴、鼓励与坚持很重要。

爱好可以成为孩子终生的陪伴，成为丰富孩子生活的源泉。爱好不仅有利于孩子探索世界、认知世界，也对其未来的情趣和性格产生影响。

如果说我们小时候是过于放养，那么，现在的孩子则是过于圈养。这在业余爱好方面体现得尤为明显。母亲是学钢琴的，孩子从小就得钢琴弹得棒棒的；父亲觉得孩子踢足球挺好，于是就给孩子报足球培训班。就这样，父母常常以爱的名义让孩子成为他们人生期待的实现者。

孩子们的业余爱好最好由父母帮助发掘。我们邻居家的小孩在幼儿园时上了个围棋班，尽管孩子是第一次接触，但下着下着就喜欢上了。于是，父母顺势而为，为孩子请更好的老师，鼓励孩子参加围棋比赛，走向更高的平台。父母及时发掘孩子兴趣并给予支持，孩子能够持之以恒，这确实是理想的状态。

但更常见的情况是，孩子刚开始很喜欢，然后兴趣渐渐变得一般般，也就是遭遇到爱好的瓶颈。这种情况下，让孩子感受到自己在业余爱好方面的进步，进一步调动孩子的兴趣，便显得很重要了。

当然，随着小学课业压力的增加，孩子在业余爱好方面也容易半途而废。这是因为孩子对待爱好的态度往往很随性，可能只是一时兴起。同时，任何业余爱好都具有一定的难度，而人具有天生的惰性，容易知难而退，更何况是孩子。这时候，与其说是在考验孩子坚持与否，不如说是在考验父母陪伴孩子一同坚持的耐力。

虽然我们在培养孩子的业余爱好上没有什么亮点，但在陪伴孩子玩游戏上还有可圈可点之处。无他，亲近自然，顺其自然。此外，与阅读一样，游戏同样有利于培养孩子的想象力与专注力。

父辈的童年被放养

作为一个在农村长大的孩子，我唯一可以自豪的可能就是游戏了。不像城里长大的孩子，其游戏背后都是金钱与父母的心力作为支撑，我们小时候的游戏与其说是游戏，不如说是被父母放养后自己因陋就简找到的乐子。骑牛、摘桑葚、打枣子、跳房子、翻筋斗、抓鱼……现在想来，那时候的游戏还蛮多的。当然，如朱自清在《儿女》中所描写的，“游戏时，大的有大主意，小的有小主意，各自坚持不下，于是争执起来”[①]，这倒是常有的事。不过，所有的游戏中，都没有父母的角色。

在我的记忆里，我小时候跟父母的交流很少。印象较深的似乎就是每到吃午饭或者晚饭的时候，父母会喊我的小名，喊得满村子都听得见。所以，精神层面的相互沉默是我小时候跟父母交往的常态。农民们就知道面朝黄土背朝天，哪懂得交流和表达这类城里人的玩意。我的父亲好像已经不错了，每次我们在田里割稻子的时候，他总是问我：“割稻子快不快活？跟念书比哪个快活？”他这种农民式的励志方法，每次都惹得我十分嘴硬地回敬他：“做田快活！”其实，我连腰都直不起来了，暗暗发誓一定要离开农村，越远越好。总之，与父母之间还是沉默居多，更多的交流是在与小伙伴玩游戏的时候。不过，游戏就是游戏，有什么可交流的？因此，我现在回忆起来，伙伴们全都模糊了，无论他们的外貌还是话语，

---

① 朱自清. 儿女[M]//梁仁选编. 朱自清散文. 杭州：浙江文艺出版社，1999：76.

但是，游戏的记忆倒还算完整地保留了下来。

儿时的游戏回忆起来是温馨的，特别怀念那厚重的“土”味。那时候最好玩的要数扇仔标了，那四方的标都是废纸做的。太阳底下，弓腰、后扬手，将手中的标往对方标附近的空地上用力一掷。幸运的话，对方的标就会在顺带被掷起的灰尘中整个翻过来。而我，好像输得多，赢得少，连回应父母吆喝的声音也是蔫的。

春天来了，拿根满是绿叶的柳树条往头上一箍，然后手里拿根约一米长的竹竿或者树棍当枪使，一场门前屋后的战斗就此打响。夏天太热，整天赤着脚、光着膀子也没有用了，于是就把地上的灰往身上抹，以便散热，结果成了“灰老鼠”。

在满是青草的山坡上放牛时，骑牛背是常有的事，而我最好奇的是山坡上那个破了碗口大的洞的坟包。一方面，我因害怕而站得远远的，另一方面又想尽可能走近看清里面。蹲在横在粪缸上的两块板上时，我好奇墙角蛛网上的蜘蛛肚子里怎么有那么多丝网。逮住再捏住其尾部往外挤，结果只见水滴不见网。上完茅厕后，偶尔翻上旁边的围墙，将隔壁人家院子里伸出围墙的桑树枝拉过来，摘下一把桑葚品尝。特别佩服那满田埂捉蛇或者抓黄鳝的孩子们，我从来不敢抓，而农村人常说的一句鄙视人的话就是：“搞得跟捉蛇的一样。”

这些记忆虽然久远了，但结结实实地塞满了我的童年，也奠定了我的游戏观。这种放养状态下孩子的游戏，因为“土”，反而更亲近自然。

子辈的童年崇尚自然

在孩子游戏方面，我们也尽量以亲近自然为主，这是另一种代际传承。我们很少刻意给孩子买玩具，而是让孩子在外面自由玩耍。既然是“业余”时间里的游戏，那就让它成为孩子解放心智的“自留地”吧。

我们女儿的玩耍总是随时随地的。平日里她主要由外公外婆照顾，但在下班后或节假日，我们陪伴她的时间就更多了。我们当时居住的小区有一条小河。河岸上，婆娑的垂柳随风摇曳，成片的桃树花开如云。在小区中央，一座木制小桥横跨于人工湖之上，湖面上鹅鸭悠然自得。这构成了我们带女儿在小区内转悠的经典路线之一。

蛙声、蝉声、喷泉声、老人们的歌声，小区里总是热闹非凡，不愁找不到去处。早上，女儿和外婆一起在游乐场滑滑梯、玩沙子；傍晚，她和妈妈一起在草地上做瑜伽；晚上，我们循声寻找鸣蝉，趴在小桥的护栏上欣赏水中的月亮。那时候，我们也只能通过这种在小区内转悠的方式，达到类似我儿时那种自由放养的状态。

不过有一次，我们带孩子在河岸旁一家服装店试衣服。试着试着，忽然发现女儿不见了，我们呆了，冷气透心。两个人像无头苍蝇般在附近又跑又喊，我甚至边寻找边想象着女儿就此与我们缘分了结，将在人贩子手里度过此生。孩子妈妈叫我赶快通知小区各出入口，盘查出行人员。我撒腿就跑，不久即被喊住，说，孩子找到了。等我回去后才发现，女儿正端坐在“经典放养路线”途中一家商店门边的小凳子上。

那时候最常带孩子玩的游戏之一就是捡树枝。稀疏的林子里时见枯枝败叶，女儿在枝叶间窸窸窣窣地跑来跑去，每找到小树枝后就跑过来告诉我：“又有一个，又有一个。”我则趁她去找的时候，把她堆起来的树枝再一点点四散开来。就这样，女儿负责捡，我负责扔，我们可以在林子里玩一上午。

孩子可能还是游戏于自然的好。为此，我们没有让孩子游戏于任何类型的早教班、亲子班，或者启蒙班，因为那些班的人为痕迹浓了一些。孩子这么一张了无瑕疵的白纸，何必任由他人涂鸦？还是让孩子自己在亲近自然中本真地涂上第一抹色彩吧。而且，智力开发得那么早未必好。且不论开发早可能带来的透支后遗症，单就成长的阶段性而言，人为的智力开发大概率是在拔苗助长。相反地，亲近自然也许才是好的智力开发方式。

孩子的玩具世界

摆满商店的各色玩具做工精细，但过于精致的形式背后到底没有那种厚实的质感？即便逼真如深圳世界之窗的微缩景观，也终究没有真实情境所给予人的想象力。

我们给孩子买的玩具不是很多，“五音令人耳聋，五色令人目盲”。玩具如图书，都是培养孩子专注力的好物品，但唯其少，孩子才会专注。一旦多了，就不是让孩子更专注，而是让孩子既花了眼又花了心，更分散注意力了。所谓“少则得，多则惑”，是有道理的。此外，玩具也如图书，宜循序渐进，渐次更迭。

我们女儿的玩具以积木、拼图和各种“动物”为主，还有她一度钟爱的公主玩偶。早期的一个圆柱形玩具，四周镂空各种图形，需要孩子找到相应形状的积木塞进去。她也曾对一套标有数字的积木爱不释手，喜欢在沙发上用这些积木搭建各种房子，每一个设计大体上会摆放至少两周。拼图因其挑战性也引发了孩子的兴趣，从简单的狮子王拼图到在我看来只是一堆碎片的复杂拼图。

各种动物玩具也是她所钟爱的，小熊、狗、老虎、狮子、兔子、猫。有一家商店里的狮子玩具特别像她看过的《狮子王》里的娜拉。看孩子摩挲来摩挲去，我们就给她买下了。有一只妈妈买给她的白色的卷毛狗玩具被她命名为“Puddle”，电动的，一按头部就会叫。还有一套从新加坡带回来的海洋动物玩具，也带给了孩子美好的记忆。而她忠贞不渝的动物玩具是在伦敦Oxford Street那家Hamleys店里买的“金毛”，这只被她直接命名为“Doggy”的狗也是迄今“健在”的、陪伴她时间最长的动物玩具了。

不过，小时候最让孩子着迷的还是那些公主玩偶，她会给她们轮流换上各色衣服，穿出不同的样子。其中，一套以树桩形状为基本架构，以“公主”为主角的小树屋，她摆弄了好几年。我们女儿很小就习惯一个人摆弄玩具，口中念念有词地讲述着自己的故事，她编造的很多故事都源于她阅读过的迪士尼故事书。而且，她会想办法去建构自己的世界。凡是那些大人眼里的废弃物，例如瓶盖子、包装纸、纸盒子、铁罐子、明信片，都是她的宝物。孩子用这些器物做各种设计，再去编织故事。有时觉得有些杂乱无章了，我就会趁她不在家的时候把那些她很少玩的东西偷偷扔掉。

但作为父母，我们有不少该反省的地方。孩子四五岁的时候，我们夫妻二人同时改行，一切从零开始，难度可想而知，的确无暇陪孩子一起玩。后来女儿说过，都没有人跟她玩，她不自己跟自己玩能怎么办？说得我们都很歉疚，我仿佛又看到孩子小时候时而央求我陪她一起玩的急切模样，但到底满足孩子的时候比较少。久而久之，孩子便越来越不爱公开表达自己的愿望和感受，因为她慢慢就知道，表达了也不能立马被满足。所以，后来问她喜欢什么菜、要不要平板电脑等，她大多回答“随便”。按照孩子后来的说法，她在他人面前讷于表达观点应该源于此。不过，孩子也看到了这种延迟满足的另一面，那就是，能够延迟满足的人更容易适应环境，常常更具同理心。相反，若孩子的每个要求都能立刻得到满足，反而容易形成以自我为中心的性格，并缺乏对他人的同理心。当然，对父母来说，这种说法只是一种精神胜利法性质的说辞，因为对孩子的负面影响已经形成。

这里给父母们一个忠告，在时间允许的情况下，还是应该尽可能地陪伴孩子游戏。孩子怎么理解“爱”？在他们的眼里，爱就是舍得花时间陪伴他们。而且，在这种陪伴中长大的孩子会比较自信、开朗，愿意和敢于公开表达自己的观点。

“宠物狗”式的电子游戏

整体来说，城里孩子游戏的人为雕琢色彩过浓，概莫能外。这往往让我想到土狗和宠物狗的区别。土狗是放养的，自己找吃自己找睡，人在桌子上面吃饭，它们就蹲伏在桌子底下，眼巴巴地仰着头，或者专注地低头咬得骨头“嘎吱嘎吱”地响。有一次到农家乐时，女儿一如我小时候，收集桌子上的骨头，然后喂桌子底下的狗。狗开心，她更开心。宠物狗更聪明、更黏人，但规训的圈养痕迹也更浓一些，少了土狗的质朴、率真与自然味。土狗很“土”，不过可能正是因其“土”从而源于自然、终于自然，与自然融为一体，无拘无束，反而得到解放。宠物狗很“洋”，不过脖子上的绳索不啻是它们精神的枷锁，缺了狗之为狗的精义——奔跑于自然中的自由。

当然，我无意美化农村，尤其在看了梁鸿的《中国在梁庄》之后，知道现在的农村可能大不如从前了。但是，蜜蜂嗡嗡声里的油菜花、随风招摇的麦浪、羞答答的金黄色稻穗……一旦季节来了，漫山遍野，一望无际，村庄掩映其中，鸡鸣狗吠反倒成了点缀。那种天地之间的开阔、粗犷和豪放，是一幢幢用钢筋水泥筑成的大厦无法给予孩子的。当然，这也是“到此一游”的过客无法感受和体味到的。

这不，我们有一年特地带孩子去城市周边看油菜花。但那脱离了乡野环境的油菜花显得孤零零的，给不了人们那种天地之间的感觉。这也是人们同样阅读鲁迅的《少年闰土》和《从百草园到三味书屋》却产生不同触动和感受的原因。对农村孩子来说，这些描写真实、亲切、形象，十分接地气；但城里孩子读不出那种味道来，如我们女儿就有些茫然地告诉我，她没有看出这两篇文章好在哪里。

同样地，城里孩子在现代科技体验上比农村的孩子丰富得多，但这同时带来阅读时间的相对减少，以及游戏所传达的价值观是否有利于孩子成长等问题。不过，我们无意禁止女儿玩电子游戏。和同龄人一样，她主要通过儿童手机和平板电脑体验电子游戏，这两件物品是她的生日礼物。手机上有简单的游戏，平板电脑上更丰富一些。买了手机后，下午放学我去接她回家，如果晚到的话，她十有八九站在校门口，埋头熟练地单手玩着手机。晚上洗完澡后的阅读时间里，她的平板电脑总是放在书的旁边放着歌，貌似在边听歌边看书，但她的心在平板电脑上的QQ聊天窗口及游戏上。

有一次，我们出去散步，孩子和她的同伴在客厅如往常一样玩编故事游戏。散步回家时，在门外却没有听到孩子们的声音。我像往常一样开门，却发现门后面抵了两只凳子。这时，她和同伴匆匆从房间里跑出来。看她们那样子肯定是在房间里玩平板电脑，但我们什么也没有说。一来，孩子喜欢玩游戏是很正常的，我们都曾这样；二来，虽然孩子的老师和我们都跟她多次讲过，过度玩电子游戏会对视力造成伤害，但这次就让她过足瘾吧，更何况这次我们已经决心让孩子自己决定该玩到什么地步。

后来，两件事促成了她主动停止玩游戏，甚至连平板电脑都懒得碰了。一件是学校的视力检测，她第一次出现视力下降现象，一只眼睛是4.9。而对她触动最大的是另外一件事。她后来告诉我们，有天晚上，她在课堂上看黑板的时候突然感觉眼睛模糊，有些瞬间甚至看不清字。从此，平板电脑就被束之高阁，女儿只是偶尔在查阅资料的时候用一用（参见本章附录）。

游戏见证成长

从孩子游戏类型的变迁，我们能看到孩子的发展与成长。女儿小时候玩小熊换衣服、小树屋、仙女，后来玩跑火车、数字积木、复杂拼图。在澳大利亚，她甚至跟同伴们各自建立了一个“国家”。她告诉我，她的“国家”目前包括四个城市，分别为Feather City、Dragon City、Star City和Pompom City。

玩具层面如此，游乐场上的游戏变迁亦然。她两三岁时，爱坐在几乎擦地的秋千上摇荡几下，堆沙子，钻积木迷宫，骑三轮自行车；四五岁时，上树，爬高，滑旱冰，骑两轮自行车。以前是大人寸步不离，后来她更多的是跟小伙伴们一起了。

孩子从四年级开始，去游乐场就不再要我们陪伴了，而是她自己和小朋友们玩。叮嘱好她们不要离开游乐场后，我们尽管去散步，到点了就来喊她们回家，倏忽间轻松许多，也继而拥有更多自己的时间和空间。在享受相对轻松的同时，我总喜欢想象孩子像一只小鸟儿，就这样扑腾着翅膀，渐渐地从我们手心离开，那是标准的起飞前的准备。

进入小学后，除了外面的游乐场和家里的玩具场，孩子游戏的内容与多数同龄人一样，增加了一些课外兴趣班。画画纯粹是她的选择，因为她小时候就喜欢画着玩，刚开始主要模仿迪士尼书上的画。后来，她又跟着玩伴在小区里面学画画，但因为感觉小区里的机构师资有限，种类单一，我们就将她转到市中心更专业的美术培训机构去学。网球则主要是我们夫妻二人打，她从小就在旁边看，有时帮我们捡球。就这样，我们给她买了拍子，让她跟我们一起打着玩，然后为她找了网球教练。钢琴则是她跟妈妈一起去观摩一个同伴学钢琴，觉得好玩才学起来的，但坚持下来并非易事。

快乐与坚持的平衡

对孩子的业余兴趣，父母可以去发现、引导、培养，但不能强加、强求，更不能跟风乃至与其他孩子攀比。例如，眼下的钢琴热对有些孩子真是苦役，很少能带来快乐，父母却还要拼命在钢琴上管教孩子。

有一次，一个七岁的小朋友来我家玩，他已经学了三年钢琴，以下就是我们当时的对话：

“喜欢弹钢琴吗？”

“不喜欢。”

“那你当时在幼儿园里学钢琴的时候，是你自己选择的吗？”

“不是的，是妈妈要我学的。”

“那你喜欢什么呢？”

“我喜欢画画、跆拳道。”

“那你怎么不找妈妈让你学呢？”

“妈妈不让学，妈妈说学这些升学又不能加分。”

“你每天都要弹钢琴吗？”

“嗯。我每次弹完后，就想用手、用脚在钢琴上面梆、梆地乱弹。我在心里想，我要成为乱弹钢琴家。”

孩子业余兴趣方面，最好是保持快乐与坚持的平衡。每个父母鼓励孩子追求业余兴趣的动机与目的各不相同，但一个基本点是共通的，就是为了孩子的快乐。且不论孩子对这些业余兴趣的体验本身即快乐，单就未来而言，这些兴趣也能让他们以后多一些追求快乐的途径。所以，我们对自己孩子不设定任何具体要求，无论是画画、钢琴还是网球。

我们希望孩子在自己的兴趣基础上开展业余活动；同时，更希望她能够坚持。孩子毕竟年幼，而且人皆有惰性。在对业余兴趣的追求过程中，孩子积极性和主动性的波动与起伏是正常的。这时候，父母的引导与坚持很重要，要让他们慢慢懂得，快乐不会凭空从天上掉下来，都是用努力的付出和辛勤的汗水换来的。坚持后所获得的快乐往往比一蹴而就更强烈、更持久，也更值得珍惜，反过来也会使这种坚持继续下去。通过对女儿的陪伴，我们的确感到，快乐与坚持就是以这种交叉前行的方式显现于这些业余兴趣的学习过程中的。例如画画，由点到线，由临摹到自己构图，由平面到立体，由素描到油画，每一个阶段都要坚持。但每个阶段都带给她不一样的风景、不一样的境界，带来新的挑战和新的快乐。

遗憾的是，进了高中后，她之前的兴趣爱好都停了下来，主要因为她没能从中找到那种发自内心的快乐吧，也可能因为这些爱好本身的专业难度与竞技性挑战较大。

爱好的意义在爱好之外

与大多数父母一样，我们之所以不放松对孩子业余兴趣爱好的强调，是希望这些兴趣爱好能够成为孩子终生的陪伴，成为孩子生活丰富的源泉之一。我曾经有幸参加过一位七十岁老人的思想研讨会，对老人说的若干句话记忆犹新。他说："我这辈子最大的遗憾就是五音不全，没有学过音乐，不懂一样乐器，不懂艺术，只好把精力都用在工作上。”

相较于女儿在艺术上的熏陶，我的童年与那个年代绝大多数农村孩子的童年一样，在艺术方面几乎是空白，我唯一的记忆是关于音乐的。可能受姐姐们的影响，我也喜欢听收音机，学唱歌。五年级时，班上个别家境好的孩子能拥有一副口琴，那琴儿在同学唇间滑动的样子令我好生羡慕。上初一了，第一次有音乐课本，第一首学唱的歌曲是《军港之夜》。音乐老师胸前挂着一架管风琴，他扩胸含胸，手臂一张一合地在过道间来回走动，连他那谢顶也显得格外可爱。我们也瞬间被带入对蔚蓝的大海、威武的水兵的美好想象。

“鱼与熊掌不可兼得。”正如我的童年岁月得之于农村失之于农村，孩子的童年岁月得之于城市失之于城市，这尤其体现在游戏方面。游戏不只是对时间的打发，对孩子尤其如此。我骨子里的土狗式生存理念，正是源于童年时期在那天地之间无拘无束、自生自灭的游戏生活。那么，孩子们呢？他们将从与自然的亲密接触、斑斓的玩具，以及丰富的艺术熏陶中获得什么呢？

无论如何，游戏和爱好不光是孩子探索和认知世界的重要方式，也对他们的情趣、性格与人生有很大影响。从这个意义上说，游戏应该成为孩子成长过程中解放心智的“自留地”。

附录

戒电子游戏

小尹

大家应该都喜欢玩电子游戏吧。但是，电子游戏有很多坏处，大家知道，却往往戒不掉。我也有这样的经历，不过，我后来戒掉了。

今年我十岁生日的时候，妈妈送给我一个最新的iPad。拿到手后，我别提多开心了。耶，我现在终于有了属于自己的iPad啦。我心里一阵窃喜：从此，我可以自由地下载QQ游戏自己玩啦！我一口气下载了七款电子游戏——《奇迹暖暖》《保卫萝卜》《植物大战僵尸》等。那些日子里，我晚上不再看书，而是不停地打游戏。每当爸爸敲门，我就赶紧拿起事先准备好的书，装着读起来。爸爸一走，我就又拿起iPad来，我总是为自己狡辩："反正我是个孩子嘛，玩玩很正常。"

有一次，我把好朋友叫来我家玩。不过这时，我的爸爸妈妈都还在家，所以我们没有办法玩电子游戏。于是，我们俩还是像往常一样摆起了玩具。后来，等爸爸妈妈一走，我们立即把大门和外面的铁门统统锁上，跑进我的房间，拿出iPad，开始玩游戏。为了防止爸爸妈妈回家听到我们在玩游戏，我们特地给每个游戏都取了一个别名。我们把"奇迹暖暖"叫"打排球"，把"汤姆猫"叫"跳绳"，把"太空琴"叫"跑步"……就这样，我们俩一边专心致志地玩，一边嘴里说着一些与游戏无关的事情。八点了，走廊上传来熟悉的脚步声，我们俩立刻手忙脚乱地将iPad塞进包里，重新摆弄起玩具。

这件事以后，我心里开始有些矛盾：××呀，你天天这样像个小偷似的骗爸爸妈妈、玩游戏，真的好吗？玩游戏，欺骗；不玩游戏，诚实。想是这样想，可我对游戏还是有些迷恋，甚至有一天晚上我已经躺在床上了，又偷偷爬起来继续打游戏。天哪，我是疯了吗?!

就这样，玩游戏的时间多了，看书的时间少了，可是，我之前一直是一个那么爱读书的孩子啊。于是，我虽然手仍在屏幕上东点西戳，但心里又打起仗来。一边不想玩，一边禁不住诱惑，我曾在日记里写道：“我不想离开书，可是，我也不想离开iPad。”

终于有一天，我在课堂上突然发现我有点看不清黑板上的字了，我吓得差点晕过去。这怎么能行?

回到家，我气得痛骂自己，痛骂iPad，痛骂发明iPad的人。我坚决地删掉了所有游戏，将iPad“封印”了三个星期。我高兴地在日记里写道：“现在，我已经不玩电子游戏好几天了，我第一次觉得那个会说话的汤姆猫这么烦，老是叫饿、叫累、叫我陪。”

从那以后，iPad被“打入冷宫”，我又变回了当初的小书虫。

解 放 童 年

换 种 思 路 做 父 母

第四章

孩子性格如何从代际传承中解放出来

“赶”已成为中国人基本的生活状态。上一代尚未摆脱“赶”的步伐，下一代又已紧随其后。

孩子，学学澳大利亚的鸟儿，走走鸟步，不要急躁，从容、悠闲些。

尊重他人与获得他人尊重对孩子同等重要。要培养孩子尊重他人的意识，父母首先要教会他们如何尊重自己，其次应尊重孩子的选择、情感和隐私。

个性独立的前提是有独立思考的能力。我们需要在日常生活中，在孩子心中播下独立思考的种子。

急躁、缺乏尊重意识、不会独立思考，是孩子心智发展的三大障碍。

在孩子小时候，性格培养比知识学习更重要，这是因为性格伴随孩子一生，而学习是渐进的过程；学习可以“活到老，学到老”，但性格不可能“活到老，塑到老”，最晚在青春期就已定型，此后便“江山易改，本性难移”，终生相伴。但是，性格反而容易被父母以及学校教育忽视，取而代之的是对文化课成绩的重视。

孩子来到这个世界上，就像一张白纸，尤其在性格方面，任由父母涂抹。作为孩子的第一任老师，父母对孩子的性格有着重要影响，那是一种潜移默化的作用。此外，奠定孩子性格底色的不仅是“言传”，更是“身教”。许多人都说过，对孩子最好的教育就是父母以身作则、率先垂范。父母都望子成龙，但首先我们自己要有些“龙”的模样。这种言行上的示范作用，也是原生家庭对孩子的重要性所在。

作为概念，“原生家庭”值得为人父母者深思。

首先，我们在孩子阶段成长于原生家庭，性格不可避免地带有原生家庭的深刻烙印。

其次，我们现在身为父母，构成了我们孩子的原生家庭。如果我们不正视自身的性格特征，这些特征可能会在不知不觉中，继续在孩子身上代际传承，而我们却可能对此毫无察觉。

再次，童年那些在原生家庭里没有被充分满足的需求，会驱使孩子在成年后拼命地去索取和追求，且难以满足。例如，缺乏父母关注和肯定的孩子，长大后会拼命取悦他人以获得他人的肯定；缺乏安全感的孩子，长大后在拼命追求安全感的同时，又时常陷入得而复失的焦虑与不安之中。所以，原生家庭如何对待孩子，与孩子日后形成的性格密切相关，对他们以后的人生道路也影响巨大。

原生家庭对孩子性格的塑造如此重要，所以我们得先审视自己的原生性格。所谓心智解放，其要义之一是让孩子从各类原生性格带给他们的心智枷锁中解放出来。

原生家庭这一概念的价值之一就在于，让我们有意识地通过自我反思与成长，使那些带有原生性质的性格缺陷得到弥补、纠正，从而超越原生家庭，超越自我。只有这样，孩子们才可能不再将那些负面性格基因毫无保留地复制下去。

反思自己性格中的劣根性

原生家庭对孩子的影响根深蒂固。就像我，直至今日仍然更倾向于一切依靠自己，这无疑是父亲在我性格上留下的深刻烙印。我父亲虽已过世多年，但他的话语仍在我耳畔回响：“与其笑脸求人，不如黑脸求己”“胳膊一抻饭一撒”。

母亲对我的影响在某些方面更为显著。每逢有要饭者木然地靠在我家大门边嘟囔着“给点饭吧”时，我便会冲着厨房里的母亲大喊：“妈妈，讨饭的来了。”此时，母亲总会赶忙盛上满满一大碗饭，然后叫我端出去。伴随着米饭的热气，我快步跑到大门口，将饭倒进要饭者的饭盆里，接着好奇地目送要饭者远去，直至看不见为止。母亲常说：“要饭的人都是迫不得已，不然谁愿意靠在人家大门边啊。我小时候就跟着你外婆跑老远的路去要饭，自己吃一点，再送回家给弟弟们吃。”母亲在“文革”期间，听闻有人在地下写了“打倒×××”的标语，尽管她一个字都不识，却跑去把标语擦掉，仅仅是因为担心这标语会连累写它的人。后来，她被乡干部审问，受到了不小的惊吓，多亏她在村子里人缘佳且不识字，此事后来才不了了之。否则，在那个年代，她极有可能坐牢。

至少从我的经历来看，所谓的“性善说”或者“性恶说”都缺乏依据。因为孩子自幼本无善恶之分，孩子的善恶观实则是父母善恶观的映射。

不过，在探讨孩子的性格塑造之前，我先来反思和清算自己性格中的劣根性吧，这也就是鲁迅先生所说的“清结旧账”，某些劣根性是属于我们这一代人的。倘若不及时清算这些旧账，父母对孩子的不良影响就可能在不知不觉中继续传承下去，久而久之，甚至会对整个社会产生负面影响。

在我的性格中，我最为厌恶的便是急躁，这同样明显带有我父亲的痕迹。但如今回想起来，急躁在当时也曾受到社会文化的鼓励与褒奖。无论是古代的“头悬梁锥刺股”，还是后来的赶英超美、人定胜天，以及“时间就是金钱”“和时间赛跑”等理念，无一不在强调对人的极限的挑战以及对生命的过度透支。其结果是，生命始终处于一种巨大的张力之中，处于一种立志与自然对抗的“赶”的状态。

当然，我们也不能否认，这种“赶”的精神在特定历史时期和社会背景下，确实为国家的发展和进步作出了巨大贡献。因此，我敬佩那些总是加班加点、夜以继日工作的模范们，至今仍对被誉为中国知识分子的优秀代表的科学家蒋筑英的故事记忆犹新，他“走起路来大步流星，上楼梯一步跨两级”。如今重温他的事迹，依旧肃然起敬：

他忙极了！所里的老工人说他是“永动机”。可他把自己比作“铺路石”。他时刻在为国家着想，为他人着想，常常忘了自己。他的门牙脱落了，他抽不出时间去安上。身体有病，也不抽时间上医院去瞧瞧。他一天天消瘦，腹痛越来越剧烈。他的爱人催他去看病，他老是说“明天”。

13日下午，蒋筑英和所里的另两位同志飞抵成都。当晚7点，他召集验收组的人员开会，直到深夜11点半才结束。

次日7点50分，他从招待所出发，挤换了两次公共汽车，步行了三段路程后，于8点50分到达某工厂。蒋筑英直奔厂房，忍着病痛开展工作，一刻也没有休息，下午回到招待所，又同有关人员讨论验收仪器装置的有关事宜。

深夜11点半，蒋筑英腹痛难忍，同志们把他送往医院。……由于劳累过度，病情急剧恶化，抢救无效，终于在次日下午5时03分去世，终年43岁[①]。

这些模范们的故事清晰地映照出我曾经虚度光阴的模样，我深感惭愧，于是，我也逐渐开始追求效率，力求实现时间利用的最大化。像那些模范们一样，我学着两步并作一步走，把一天当作两天用。在时间面前，连蹲茅坑都让人产生罪恶感。总之，那时的我越来越习惯并热衷于“赶”的生活方式，与时间展开赛跑。

一想到“赶”，我便不由自主地想起当年沪上的一道风景——赶公交。那些“金枝玉叶”们，明明起初还在我身后，可车门一打

① 陈禹山. 为中华崛起而献身的光辉榜样：记中年光学专家蒋筑英[N]. 人民日报，1982-12-01（5）.

开，瞬间就钻进了车厢。他们这边身子刚挨着座位，马上弓着腰指着那边对同伴喊道：“噎字尾子，噎字尾子。”（上海话：一只位子）精明的上海人的行为不过是我们其他人行为的放大版罢了。“赶”仿佛是我们中国人生活中一种普通的生存状态，要么时刻准备着赶，要么已然在赶的路上。出门赶，坐公交赶，买房子赶，晋升赶；赶火车，赶飞机，赶考，赶稿子，赶工期，赶末班车。而且，上一代人的“赶”尚未结束，下一代人的“赶”便已呈白热化之势。上学赶，放学赶，吃饭赶，做作业赶；赶着上补习班，赶着上兴趣班，赶着参加各类比赛，赶着到此一游。“赶”的背后是激烈的生存竞争与有限的社会资源之间的巨大张力。但对于普通百姓而言，“赶”与“不赶”在获取资源方面并不会有本质区别。当然，我们不能放弃努力，但“努力”与“赶”并非同一概念。“努力”讲究顺势而为；而“赶”呢，则有拔苗助长之嫌。

我们固然需要努力，但努力并不意味着无休止地“赶”。努力应该是建立在合理规划和自我调节的基础上，而不是一味地透支自己的身体和精神。“赶”总是让人处于一种待机状态，但人终究不是永动机。我们需要偶尔让自己处于“关机”状态。而且，无论怎么赶，时间都不会为我们停留，生命也无法因此延长，那又何必赶呢？五块钱有五块钱的活法，五百块钱有五百块钱的活法。既然如此，五百块钱是一生，五块钱亦是一生，何苦要赶呢？顺势而为才是自然的状态，心智才能有喘息之机，进而才有可能获得解放。

记得小时候，在岸边满是高粱的长水沟里赶鸭子上岸。我发现，自己赶得慢时鸭子游得就慢，赶得快时鸭子游得就快。突然，我冒出一个念头：看看鸭子到底能游多快。于是，我使出浑身解数拼命驱赶，只见鸭子“嘎嘎——”叫着，奋力张开翅膀，脚蹼拼命往后划水，却再也无法加快速度。鸭子的游动原来是有极限的。后来长大成人，我一直记得这个细节，却始终未能领悟其中的深意。

时间本就应该有一部分被我们用来打发、消遣甚至虚度[①]，这是生命的应有之义和不可或缺的组成部分，正如我曾对学生说的：

现代人太忙、太赶、太躁了，我们必须学会总有那么一段时间关掉电脑、关掉手机，闲下来享受生活，慢下来欣赏世界，给自我以空间。否则，我们活着干吗？难道就是为了不停歇地忙、累、斗和挣扎吗？不，这不应该是生活的全部。我们需要经常性地蹬掉高跟鞋、扔掉领带，脱下伪装、卸掉辎重，吹吹牛、喝喝酒、打打情、骂骂俏，发发呆、听听风声、拍拍自恋照。我甚至希望你们每天，无论多忙，也要留一些时间给自己，哪怕只是五分钟，宛若一只猫慵懒地坐在一个人的黄昏里，像只破袜子静静地享受一个人的夜晚。

不过，钟南山医生充满文化反思精神的观点更为深刻。他说：

“轻伤不下火线”是国人耳熟能详的一句励志口号，“爱拼才会赢”也是许多人信奉的人生信条……也因此涌现了多少可歌可泣的先进人物和感人事迹。但是另一方面，反思这些事，又有多少优秀的社会精英人士因为长期“轻伤不下火线”而积劳成疾，遗憾地过早离开我们？皮之不存，毛将焉附？所以，我主张：不是非常时期，轻伤就要下火线。[②]

① “虚度”与否，其实是一个价值判断问题，本就是见仁见智。

② 钟南山. 钟南山谈健康[M]. 广州：广东教育出版社，2008：109.

学学澳大利亚的“鸟步”

在澳大利亚游学期间，我们感受到这里的鸟儿与众不同。火鸡、鹮、鸽子在路上大摇大摆地走着，与行人各走各的路，互不干扰。只有我们女儿偶尔遇到它们时会去追逐一番，但它们并不会立刻惊慌失措地逃窜。我不止一次亲眼见到车子为了避让横过马路的鸭子或火鸡而停下来，这也难怪这里的鸟儿总是那么从容地在路上踱着方步，行动迟缓却毫无被捕捉、烹宰的担忧。

在送女儿上学的过程中，我有一天发现，这里的人走路也和那些鸟儿相似，以至于我都有些怀疑到底是人学鸟还是鸟学人了。就拿我们楼上的姐妹俩来说，偶尔遇到时，只见她们总是不紧不慢地迈着节奏一样的步子。上坡时如此，过红绿灯时如此，细雨中也是如此。后来观察到这边的孩子大多也是如做匀速运动般前行，我和女儿在后面看着，不禁觉得好笑。我说：“你看她们走路的样子太像那些火鸡了。”其实，我心里是羡慕，羡慕那种悠闲的姿态。这样想来，我更希望孩子能受到她澳大利亚同伴的影响，多一些这种悠闲的气质。当然，我也会在一旁鼓励女儿：学学她们，孩子，走走鸟步，急什么呢？

为此，我从日常行为开始做出改变，特别是在与孩子相处的时候。以前，我牵着孩子上学放学时，总是像被狗撵似的大步流星。后来，我有意识地提前起床，这样就能让自己放松下来、慢下来，不再像往常那样匆忙赶路。早上，孩子一边吃早饭一边玩贴纸，时针逐渐指向8点半；下午，一回家她要么坐在地上玩游戏，要么拿起竹笛吹一曲。我原本总是想着这边作业加上国内作业一大堆，按照以前的习惯，我早就催促她去做“正经”事了。但现在我基本上抱着国内作业能做多少算多少的态度，尽量不催促她，实在不行就在心里着急，表面上不动声色地“代劳”一些事情。也许有人担心这样做不利于孩子以后独立生活，但我觉得，与其让孩子在急躁的氛围中成长，不如让她先学会享受从容的生活。

如今的我厌恶自己曾经那种对生活的“赶”的态度，我不希望自己的孩子重蹈覆辙，过这样追赶的人生。这种改变对我来说虽然只是形式上的，但对孩子而言可能具有更深远的意义。就像我以前跟孩子说话时，一句话往往包含好几个要求，例如，“去，去刷牙，把裤子换了，把书装到书包里，一会儿到图书馆去”。后来，我跟孩子说话时会尽力将要求控制在一件事的范围内，例如，“我们一会儿去图书馆哦，你先把书收拾好”。

送女儿到校门口，分别时，我有时会忍不住回头看她那逐渐养成的不慌不忙的样子，心里默默念叨：“孩子，就这样保持下去，千万别‘遗传’了父辈的急躁和那种一直在‘赶’的生活模式。不妨多学学你澳大利亚同学那种悠闲自在的行为模式，学学那些火鸡、鹮、鸽子的样子。总之，悠着点，慢慢来。”

尊重意识源于父母的正面影响

在父母对孩子的影响方面，如果说急躁是最好的反面教材，那么尊重则是我们应该给予孩子的正面影响。

什么是尊重？尊重就是对人的尊严给予保护和重视。在众多品格中，我们为何特别强调“尊重”呢？因为尊严是人之为人的底线，但在现代社会中，它在某种程度上已经成为人之为人的高线。

每当提及尊严，我就会想起鲁迅在《〈呐喊〉自序》中的那段话：

我有四年多，曾经常常，——几乎是每天，出入于质铺和药店里，年纪可是忘却了，总之是药店的柜台正和我一样高，质铺的是比我高一倍，我从一倍高的柜台外送上衣服或首饰去，在侮蔑里接了钱，再到一样高的柜台上给我久病的父亲去买药。①

那种尊严被践踏的滋味，我在初一下学期和初二上学期也亲身经历过。一般来说，孩子往往因为学习成绩差而得不到老师的尊重，而我则是因为不擅长做农活而遭到老师的羞辱。我上初中的学校有田地，学生们需要参加劳动，而我在家做农活较少，向来不擅长此道。班长打了小报告后，班主任便坚信我是在偷懒耍滑。于是，我有一年左右，曾经常常——几乎是每周，出入于教室和班主任的办公室，写检讨、送检讨、低头挨训，在侮蔑里接了似乎从未合格过的

① 鲁迅. 呐喊《自序》[M]//鲁迅全集：第一卷. 北京：人民文学出版社，2005：437.

检讨书，再回到教室最后一排的座位上，从灵魂深处去反思。

我那时最害怕的是晚自习。一排排荧光灯将教室照得通亮，其他同学大多在做习题，而我做得最多的事情却是修改检讨。改着改着，就会听到“呼”的一声，一本书猛地朝我砸过来。惊恐地抬起头后，我会瞥见班主任威风凛凛地站在高出地面的讲台上，双目圆睁望向我。更多时候，他会走过来抓起我正在写的检讨书，在两排课桌之间的过道上边走边皱着眉头看。不一会儿，他会在离我几排课桌远的地方停下来，倏地将检讨书扔回给我，正色厉声道：“不行，重写。”当时我感觉，这学是没法再继续上了。于是，我被迫转学。后来，我姐姐直接去找班主任理论，我才在转学一周后返回学校，此后便没有再因为做农活的事情写过检讨了。

这么多年过去了，那些场景在我的记忆中反而变得更加清晰，它们对我人生观的影响很深刻。那就是，我憎恶一切不尊重人的行为，憎恶一切不尊重人的人。

不仅仅是鲁迅和我有这样的经历，我想，很多人可能都曾有过没有尊严、不被尊重甚至遭受污蔑的记忆。

将自己的孩子视为掌上明珠，对他人的孩子却不屑一顾的父母并不少见。我不止一次看到这样的场景：家长在散学人群中推搡着别人的孩子，披荆斩棘般为自己的孩子开辟出一条道路走出来。在路边停车让孩子上下车时，家长像在进行车技比武。即使子女在同一所学校，父母也时而互不相让，延续着马路上的不良习惯。这种争抢的背后，本质上是对他人的不尊重乃至蔑视。

再看看学校里的情况。每当有重要人物来访时，孩子们就会像道具一样，被安排手捧鲜花，夹道欢迎；举办运动会时，无论天气多么炎热，孩子们都要坐在大太阳底下，充当无心的观众。

知识教育并非学校教育的全部，充其量只是其中的一部分，学校还承担着塑造孩子性格的职责。然而，孩子在不被尊重的氛围中成长，我们又怎能期望他们长大后能成为自觉尊重他人的人呢？

“民为贵，社稷次之，君为轻”，这句名言已经流传千古，可为什么一定要在民、社稷、君之间区分出尊卑、先后，为什么不能平等地尊重这三者？“痛打落水狗”“狼心狗肺”“食肉寝皮”……从这些耳熟能详的说法中，我们看不到对他人生命应有的敬畏之心和尊重之情。

被尊重与尊重同等重要

在孩子的教育问题上，我们不容许别人不尊重我们的孩子。女儿有一次回来说，有个男生摸她的屁股。我听后，顿时火冒三丈。

我问她：“你当时是怎么反应的？”

孩子轻松地回答说，“我就问他，‘你干吗摸我屁股呀？’。”

我严肃地说：“女儿，你要知道这是对你非常不尊重的行为，任何人，包括爸爸在内，都不能随随便便摸你的屁股。屁股是你身体的一部分，身体是个人隐私，任何人都不能随意触碰。所以，你要让对方清楚地知道你的态度，那就是不允许别人碰你的身体，不允许别人用这种方式不尊重你。”

女儿说：“我是说了呀！”

我说：“女儿，你在说这句话的时候，声调上明显是在突出‘屁股’这个词，你感觉到了吗？而你本应该突出的是‘不允许’。你应该板起面孔，非常严肃、大声且生气地说‘不许碰我！’‘再这样，我要报告老师！’。”

同样，我们也不允许自己的孩子不尊重他人，包括父母。记得女儿读二年级的时候，我因为某件事惹恼了她，她竟然说：“你去死吧。”

我问：“哦？爸爸死了，你有什么好处呢？”

然后，我跟女儿聊了爸爸的死可能对她产生的影响，接着告诉她：“孩子，这是个很重的词，非常不尊重人，以后不能对爸爸这样说，也不能对别人这样说。”

我尤其告诫女儿，在与同学交往时，不能将自己的长处作为不尊重他人的资本和理由。

在澳大利亚时，女儿班上有个刚从国内来的插班生，英语基础十分薄弱，于是老师安排她和女儿在一组。放学后，我一般都会询问她和那位同学之间的互动情况。女儿时而抱怨新同学问的问题太多、不知道的单词太多，显得有些不耐烦。

在餐桌上聊天时，我努力让孩子明白：“每个人刚到一个新环境都会遇到很多困难，我们不能对人家吼叫，不能给人家脸色看；总之，不要不尊重新同学，歧视新同学。否则，其他同学会怎么想呢？你看，如果中国的孩子连自己国家的同学都不尊重，我们又怎能期待别人不歧视我们呢？这种行为无异于在西方孩子心中种下了不尊重中国人的种子，而谁种下这颗种子的，恰恰是我们中国人自己。”

教孩子尊重自己

让孩子从小学会尊重，首先，要让孩子懂得尊重自己，也就是“自尊”。在这方面，父母宜以身作则。如果父母自身不修边幅，胡子拉碴，浑身散发着汗味，说话时唾沫四溅，脏话不离口，牙签不离手，开车时不让道，在小区里随意鸣喇叭，这样的形象怎么能让他人尊重你？孩子的自尊习惯很大程度上是从父母那里习得的。孩子具备良好的言谈举止和体态，是他们走出家门后赢得他人足够尊重的重要标准。

其次，要让孩子获得自信，不自信的孩子很难做到自尊自爱。当然，自信的前提是孩子能够从父母那里获得充分而无条件的爱，其内心感受和需求能够被理解和尊重。同样，孩子也需要从学校中获得尊重。不被父母、老师或小朋友尊重的孩子很难建立自信。

女儿上小学时，有一次因故被留堂，我去接她，亲眼看到一个我认识的也被留堂的小男孩，低着头、鼓着嘴，垂头丧气地走出校门。那副模样让人心里很不好受，顿觉天空都变得黯淡无光。为什么要让孩子在这么小的年纪就开始体会自卑的感觉呢？

再次，要让孩子明白他们活着是为了自己，而不是为了满足他人的期望。我们不能再让孩子像父辈那样，为了光宗耀祖、出人头地而活。这种教育方式的结果是，孩子会为了所谓的面子而活受罪，只知道按照别人的要求去做，按照取悦他人的方式去行事；只懂得委曲求全，却让自己内心不畅、心累，甚至可能成为别人的炮灰。一句话，这样的孩子既没有自我，也不懂得尊重自我。

我们告诉孩子：“你做任何事情都不是为了讨爸爸妈妈的欢

心，让爸爸妈妈有面子；也不是为了讨好老师，让老师满意；更不是为了学校。相反，学校是因为有你们这些小朋友才存在的，它本身不应该成为目的。总之，你不必讨好任何人或任何事物，你只需要讨好你自己。”

最后，要培养孩子的自立能力，对于一些日常事务，尽量让孩子自己做出选择。例如，女儿问妈妈：“妈妈，我今天穿什么衣服？”妈妈会回答：“你自己去衣柜里挑吧。”女儿说：“爸爸，我今天不想做数学作业。”我会对她说：“那就不做吧，那你想什么时候做呢？”慢慢地，孩子便习惯于自己安排日常事务。

我们经常用路和桥向孩子阐述“自己要走自己的路”这个道理，阐明父母和孩子之间的关系：“爸爸妈妈只是为你铺路、搭桥，但最终的路只能由你自己走，爸爸妈妈无法代替你，任何人都无法代替你。而且，等你长大了，你就要自己给自己铺路、搭桥。”

从父母尊重孩子做起

让孩子从小学会尊重他人，父母就要尊重孩子。

首先，父母不要跟孩子乱开玩笑。乱开玩笑，本质上是不把孩子当作大人一样严肃对待，是对孩子的不尊重。孩子不是成年人，他们无法从情境和语气中准确捕捉到玩笑的元素；相反，孩子通常会把父母的话当真。例如，女儿小时候哭，我有时会开玩笑说：“再哭，就把你扔下去。”每当这时，孩子都会哭得舌头直抖。卡夫卡童年时也有类似经历：

让我胆战心惊的话比如："我要把你像鱼一样撕碎。"尽管我知道，这只是说说而已（我小时候可并不明白这一点），这却几乎符合我对你的威力的想象，我想象中的你连这也做得到。你喊叫着绕桌子跑着逮人，也很可怕，你显然根本不想逮住，只是做出这个样子。[①]

对孩子尤其是年幼的孩子来说，父母就是他们的整个世界，父母的话就是他们认识世界的标准和衡量对错的尺度。父母客观上拥有如此权威，乱开玩笑不但不利于培养孩子的尊重意识，更有可能在玩笑中给孩子的内心植入不安全感和恐惧感。

其次，尊重孩子就不能复制我们父辈的育儿模式，要摒弃责备式家教。如今对孩子偶尔的责备，仍会唤起自己年少时受父母斥责后的那种沮丧感和无力感。同时，批评带给孩子的失望、沮丧等负面情绪积累多了，会导致孩子否定自己，形成自我低价值感。久而久之，孩子会将父母的低评价内化为自我评价，从而形成低自尊和低自我认同感。

比如我自己，长大后总是抓住一切机会努力证明自己优秀，但当别人真正肯定和尊重我时，我又会对这种肯定和尊重产生怀疑："优秀"是如此高的评价，我真的配得上吗？就这样，我陷入了"努力—证明—怀疑—继续努力—继续证明—继续怀疑"的循环中。同时，我不允许自己有过失，追求完美，这与老祖宗"不贰过"的古训相呼应，成为日后心累和焦虑的根源之一。追根溯源，其中仍有童年时责备式家教留下的阴影。

① 卡夫卡. 卡夫卡中短篇小说全集[M]. 叶廷芳，等译. 北京：人民文学出版社，2015：429.

所以，在如今拥有与父辈截然不同育儿资源的情况下，我们有理由超越父辈，学会把孩子当作一个独立、有尊严和平等的个体来尊重，与孩子好好沟通，停止经常性批评。否则，持续居高临下的责备和不尊重给孩子留下的童年阴影，可能会伴随他们一生，成为孩子心智解放的拦路虎。

再次，尊重孩子就要允许孩子自由表达。孩子天生具有表达欲，但一些父母一次次心不在焉，以“爸爸在忙”“妈妈有事”等借口敷衍孩子，不倾听孩子的心声。有些父母自以为是，对孩子妄加指责，或者动辄警告“不要顶嘴”，不把孩子当回事。这样一来，孩子慢慢地就不再愿意表达。

即使是家庭事务，也不能总是用“你还小，你不懂”来敷衍孩子。相反地，孩子从小被视为决策家庭事务的一分子，并参与家庭事务，有利于培养他们当家作主的意识。同时，不宜用“你们不能理解，你们现在太幸福了，我们那时候……”之类的故事堵住孩子的嘴。不同时代，父母与孩子的幸福经历和体验必然不同。否则，孩子会逐渐形成自责意识，认为自己不知好歹，不敢在父母面前真实、无拘无束地表达自己，进而抑制自己内心真实的感受和表达。

最后，尊重孩子的选择、隐私和情绪。通俗地说，就是把孩子当人看。尊重孩子的选择，就是让孩子按照自己的节奏和认同的标准去生活，他们有自己的人生、梦想和价值观。尊重孩子的隐私，就是明确父母与孩子之间的角色界限，未经孩子同意，不要随意闯入孩子的房间，给孩子一个属于自己的空间自由呼吸。在这一点上，我不赞同为了了解孩子的心理就看孩子的日记的做法，这是不尊重孩子隐私的行为。尊重孩子的情绪，就是允许孩子表达情绪，而不是让孩子从小就压抑情绪。同时，我们要蹲下来，平心静气地与孩子说话，平视孩子，而不是习惯性地叉着腰，居高临下地用手指着孩子训斥。当孩子分享情绪时，我们只需倾听，偶尔附和几句即可，与孩子共情，乐孩子所乐，伤孩子所伤。不必指指点点，不必出谋划策，尤其不要像卡夫卡的父亲那样，“只要孩子为某件事满心欢喜，一心念着它，回到家里说起这件事，得到的回答便是一声嘲讽的叹息，摇头，手指敲着桌子：‘我还见过更棒的呢’……你总是非得让孩子失望不可”[①]。否则，久而久之，孩子会对父母失望，不再愿意跟父母分享、交流，从而将心门关上。

尊重意识与孩子性格

我们的传统文化中，尊重意识相对较少，强调的往往是名分、阶层、等级等外在因素，而不是个体本身。因此，让孩子摆脱这些传统观念的束缚，培养尊重个体的意识变得重要。同时，尊重意识也与平等、开放等现代观念紧密相连。

具体而言，在孩子性格成长过程中，尊重意识并非孤立存在，而是与其他因素相互关联。它的触角四处延伸，先有平等意识作为其正当性的前提，解决了我们为什么要尊重他人的问题；后有感激之心、包容之心、开放之心等作为其必然产物，解决了我们究竟如何尊重他人的问题。这些因素有机结合，构成了一个以尊重意识为

① 卡夫卡. 卡夫卡中短篇小说全集[M]. 叶廷芳，等译. 北京：人民文学出版社，2015：425.

核心的蛛网式性格结构，决定了孩子最终成为什么性格的人。

一、生而人格平等，每个人都值得被尊重

我们为什么要尊重他人？因为人生而平等[①]。具体来说，每个人都是独一无二的，都有自己的闪光点（尽管可能存在被突出或被遮蔽的差异），每个人都有其存在的价值和意义，都有被平等尊重的权利。即使是罪犯，尽管他们的行为触犯了法律，但在人格上，他们同样应该得到尊重，因为在作为“人”这一点上，我们是平等的。生命本就短暂，我们何必故意无视同类的尊严，不平等地对待他人？

同样地，正因为我们相信人格平等，所以我们只能将规训严格限定在对孩子行为的评判和警示上，而不能进行人格羞辱性的惩罚。我们无权随意不给孩子吃饭、打骂孩子或罚站孩子。那些不尊重孩子的现象，都是儿童期平等教育缺失在成人世界的反映和放大。

有些人将人格不平等上溯至孔子的“君君臣臣，父父子子”、孟子的“父子有亲，君臣有义，夫妇有别，长幼有序，朋友有信”和董仲舒的三纲五常，这有一定道理。君臣、父子、夫妻只是不同的社会角色或分工，角色虽有差异，但人格是平等的。然而，这些观念被延伸为贵贱高下之分，并被尊为“礼”而固定下来，得到正名。尊君卑臣的文化，就是不平等人格的体现。

---

① 当然，这里的平等指的是人格意义上的，而人的能力、水平等非人格意义上的指标是不可能完全平等的。

这种人格上的不平等在孩子教育方面表现为：有些父母不把孩子视为与自己平等、独立的人，而是把他们当成自己的私有物品或生活的附属品。这样对待孩子是不够尊重的。最典型的说法如“你是我养的，不听我的听谁的”“我的话你都不听，你听谁的”“孩子是我养的，我想怎么管就怎么管”。在这种人格得不到尊重的家庭中长大的孩子，成年后在社会上很难平等对待他人并给予足够尊重，要么高高在上、耀武扬威，顺我者昌，逆我者亡；要么甘居人下、俯首帖耳，表忠不离口，磕头如捣蒜，陷入无平等意识、无尊重氛围的文化死循环。

二、因为尊重，所以感激、包容和开放

相对于平等在先，感激之心、包容之心、开放之心则是在后。它们既是尊重意识的应有之义，也是尊重的自然产物与必然延伸。

懂得尊重就会常怀感激之心。尊重他人很重要的一方面就是尊重他人的劳动。这个世界上没有任何事情是理所当然的，任何我们认为理所当然甚至忽视的事情背后，都蕴含着他人的劳作、辛苦和付出。父母的养育、老师的教诲、空姐的微笑、邻人的让座，都是例证。因此，即使在享受付费服务如餐饮、旅馆等服务时，我们也应秉持尊重和感激的态度。在餐馆，我们非常反感那些对服务员吆五喝六、大呼小叫的食客。女儿小时候，我们去餐馆吃饭，其间不时招呼服务员，大人会喊“小姐——”。服务员来了后，女儿也跟着喊“小姐”。我们连忙制止她，告诉她：“‘小姐’是大人用的称呼，服务员比你大，你要称呼‘姐姐’。”

懂得尊重就会常怀包容之心。别人做我们不喜欢的事情是常

有的事，但正如前面在谈论平等时所说，我们应保持对所有人，哪怕是囚犯的人格的尊重。我曾经对女儿说："爸爸以前对自己不喜欢的人，总是想着要整垮他、打败他、踩扁他。但现在我不这么想了。世界这么大，如果容得下我，为什么就不能容下他呢？上帝为我打开了一扇门，也会为他打开一扇窗。又有多少事情是真正过不去的坎，非要睚眦必报、你死我活呢？何况生命太短，我们没有时间去记仇。"当然，孩子像我们小时候一样，有时会被儿童之间的绝交等矛盾困扰，我们给她的建议是包容这些事情，尊重提出绝交的人，但也要保持对自己的尊重，不乞求，以直报怨。

懂得尊重就会常怀开放的心态。尊重性别、年龄与我们不同的人，尊重人生观、价值观与我们不同的人，尊重肤色、文化与我们不同的人，等等，这本身就是开放心态的应有之义。在当今风云变幻的世界里，保持这种基于尊重、海纳百川的开放心态，"择其善者而从之，其不善者而改之"，重要性不言而喻。这也是我们多年来持续带着孩子在中西之间穿梭的原因之一，我们希望孩子从小多了解、尊重、接纳其他文化，保持开放的心态兼收并蓄。对文化如此，对他人亦然。我对女儿说："金庸笔下有个叫令狐冲的人，他尊重任何武术门派的长处，吸纳一切武术路数的精华，虽然无门无派，却一生笑傲江湖。"

独立思考与个性独立

在孩子性格培养方面，与不急躁和尊重意识同等重要的是个性独立，而个性独立又以独立思考能力为前提。有些人认为独立思考是一句空话，我们却不这么认为，反倒觉得它不仅重要，还在日常生活中随处可见。而且，如果个性不独立、思考不独立，又何谈心智解放？

一、PEEL[①]：论据与存疑

孩子在澳大利亚课堂上学习的PEEL辩论方法，就是有关独立思考能力的训练，旨在训练孩子们从小学会辩论，主动为自己的观点寻找论据，并在论点与论据之间建立联系。课后，我围绕PEEL跟她特别谈了论据的问题。

我说："爸爸现在在餐桌上跟你说的一些观点，不能算论据，如果你用了，只能算是对你论点的加强。那些名言名句也一样，不管是丘吉尔说的、孔子说的还是海伦·凯勒说的，都只能强化你的观点，并不能成为你的论据。论据只能是事实，也就是之前跟你说过的事实判断。最强的当然是你亲眼看到的事实，例如，布里斯班的火鸡，或者黄金海岸。但是，这世界太大了，我们不可能什么事情都自己去体验，所以，更多借助于别人叙述的事实。例如，在有关该不该把动物关起来养的辩论中，你用了你在书上看到的世界上

① PEEL，是Point（观点）、Evidence（证据）、Explanation（解释）、Link（联结）四个单词首字母的组合。

最后一只袋狼死在笼子里的事情，这就是别人叙述的事实，但同样也是很好的论据。”

接着，我引出独立思考中很重要的因素——存疑。对没有亲眼看到或者亲身经历的、别人叙述的事实，都要保持适当的怀疑。所以，可以多找不同的人对同一件事情的记录，相互比较和参照，会比只找一个别人叙述的事实要好。

女儿当时在布里斯班上小学时被分到的小组有个特殊规定。那就是，小组成员必须都读过Harry Potter系列。

晚饭时，我问：“Gaia看过Harry Potter系列吗？”

女儿答道：“当然读过，读七遍了。”

我说：“噢？这么厉害。不过，你怎么知道她说的就是真话呢？”

女儿说：“她说的嘛！”

我说：“爸爸不是真的在怀疑Gaia，而是希望你从小就学会想一想别人说的话，不能理所当然地认为她说的就是事实。”

紧接着，我又将话题转回女儿的辩论课程。我说：“这里假设是辩论作业，你当然可以用Gaia的话作为论据，但你想，假如Gaia说的最后被证明是假话，那么你的整个辩论就都站不住脚了。所以，只有你亲眼看到的才是第一手材料，不是你亲眼看到的都是第二手材料甚至第三、第四手材料。凡是在用非第一手材料的时候，就要长个心眼，判断它到底真不真实。”

二、兵马俑与兵谏亭

欠缺独立思考能力，是心智解放的桎梏之一。欠缺的表现形式多样，例如，热衷于唯一标准，迷信于单一说法。等孩子大些了，我们就告诉她，说法就是看法，对一件事情的看法本来就是多元的，盲人摸象是认识过程中经常发生的正常现象。就像酸菜鱼，口味重的人可能会对它赞不绝口，但口味清淡的人大概就不太喜欢。现在只让你们记住酸菜鱼的好吃，这就抹杀了那些口味清淡人们的看法，阻碍你们对酸菜鱼的独立判断。至于标准，看似是本来就存在的，实质上却是由人们建构的。例如，“红灯停，绿灯行”，这是交通标准，但这是人为建构的。假如人们一致同意将这修改为“红灯行，绿灯停”，这就会成为新标准，人们将按照建构的新标准来管理交通。也就是说，标准很难有什么唯一的，标准是人为建构的，会随着时间、地点、情境的改变而改变。再如，人们挂在嘴边的“成功”，就不可能存在唯一标准。

到西安看兵马俑时，导游盛赞其工艺和兵阵，但我看了并没有太多震撼之感，有的是对秦始皇的憎恶以及对他肆意役使黎民百姓的痛恨——生要奢华，死要荣光。我们让孩子想想：一座陶俑要多少工人耗费多少工时？光是已出土的陶俑就这么星罗棋布，你想想当年要多少老百姓经年累月地肩挑背扛才大功告成。建好之后呢？活人死物悉数掩埋；陪葬各色兵器四万余件，又要耗费多少民脂民膏。兵马俑的确展示了工艺精湛，但也体现了民不聊生。

站在骊山的蒋介石藏身处，我们让女儿想象当年蒋介石慌不择路的样子。那不过是人的逃生本能。他的那些惯于奉承的下属却执意建了一个亭子，先取名为“总裁蒙难亭”，再改为“正气亭”，这不是故意给蒋介石的狼狈往事留下活生生的证据吗？1949年，该亭子被更名为“捉蒋亭”。不过，还是后来八十年代人的命名——

“兵谏亭”更接近事实，让价值判断回归到事实判断。“你看，亭子就是这个亭子，但不同的人有不同的叫法。那么，你准备接受哪种说法呢？这需要你自己去判断。”我对女儿说。

三、临时班主任Ms. H

在澳大利亚，女儿和她的同学们都特别喜欢班主任Mr. D。但后来，Mr. D被学校暂时抽调到其他部门，因此，Ms. H就临时到这个班担任班主任。同学们都一致留恋Mr. D，抵触Ms. H。

女儿说，同学们都觉得Mr. D幽默、和蔼、好玩，而Ms. H严肃、爱管教、不好玩，尤其爱生气。就这样，“Ms. H当天生了几次气”经常成为我们吃晚餐时的话题。

不过，在第一次谈这个话题的时候，我就提醒过女儿：“Ms. H真是这样的老师吗？你是看同学们都这样说，还是你自己的判断呢？”

女儿嘟囔道：“是真的嘛。同学们也这样说，我也这样觉得的。像今天……”

我说：“是吧？不过你下次还是多关注一下Ms. H有哪些你觉得印象好的方面。”

陆续地，女儿又听说，Ms. H当年读大学时是她们班上的前五名。她并不是小学老师，她是中学老师，既教初中也教高中。一般来说，国外教育越往上走，老师的要求会越严。这样，女儿好像明白Ms. H严格的原因了。

总结而言，尽管性格涉及的方面众多，但在本章中，我着重谈及不急躁、尊重意识和独立思考三个问题。之所以在众多性格特点中挑选这三条来说，是因为它们是个体性格的基石。这三大方面的缺陷可以说是我们这代人甚至几代人的原生教育模式所存在的问题。

三大缺陷的共性是人性在性格构成中的缺失。人难以成为目的，普通人有尊严地活着的空间狭窄。我们急于成功，为此，我们嫌一万年太久，无法不急躁和焦虑。“大丈夫生当如此”，我们容不下对普通人的尊重，我们尊重的是名利符号。我们习惯于唯英雄马首是瞻，共用标准答案，很少留有个体独立思考的空间。

然而，在当今这样一个高度全球化、价值观日趋多元的社会里，这些性格缺陷只会徒增人的焦虑感（源于急躁）、成王败寇意识（源于尊重意识的缺乏）、无力感（源于独立思考的缺失）。为此，我们选择在《王者荣耀》一类的游戏里体验虚幻成功的快感，或在物欲与消费中安逸地过着不经审视的生活，尽管这些都处于人作为人的价值感的低层次序列。那么，作为父母，我们真的愿意让孩子就这样在低层次价值感中度过一生吗？

此外，急躁、无尊重意识、不独立思考这三者是孩子走向心智解放道路上最大的三块绊脚石。心智的崛起需要心灵的自由，而这三者都会让心智受到束缚。心智不崛起，何来创造性？何来童年的解放？

性格决定命运。为了孩子的命运，父母应该把孩子从原生家庭教育模式中解放出来。

附录

传承

小尹

四十多年前的破茅屋里，饭香从厨房飘出来。这时，门口来了位衣衫褴褛的男子，是讨饭的。他边靠着门沿敲碗，边轻声道："把点噢——"年幼的爸爸连忙给在厨房里忙活的奶奶报信。然后，奶奶拿个碗盛得满满的，再叫爸爸把热乎乎的饭送出去，倒在乞丐的碗里。

这是我奶奶的善。

六年级的一个晚上，我在兴致勃勃地跟爸爸讲朋友生日上的事情，提到一个服务员打翻了一个菜，爸爸突然关注起来。

"你们说她了吗？"他问道。

我本以为爸爸下一句要说：为什么不批评一下，让他们细心一点。结果，老爸却道："没说吧？这种时候让他们收拾就好了，不要再说什么了。服务员也不容易啊。"

这是我爸爸的善，也是爸爸从奶奶那里传承下来的。

如今，这善也传到了我的身上，成为我们家的家风，影响着我，也让我对身边的人都尽力善待，尽力帮助。

美国高中夏校的一节习作课上，一个新来的中国女生坐到我身边。在说英文的环境中，她显得格外不自在。她的英语似乎一般，老师说的话她都反应不过来。过了一会儿，全班都掏出本子来，准备写些什么。她焦急地看向四周，似乎在问："怎么回事？"但没人回应她不解的眼神。我瞧着她，不禁小声提醒："要写读后感了。"

"哦！谢谢你！"她笑了一下道，"我英语不太好，在这里遇到中国人真好！"

于是，我善良地在课上帮助她，成了她"行走的翻译器"。我也不嫌烦，哪怕几次都要逐字逐句为她讲解也不埋怨她。在我眼里，这些善举不过是我们家风的延续罢了。

提交作文前的那个晚上，图书馆明亮的灯光下，我坐在这位女生对面。她突然抱着电脑凑上来问："你帮我看一下作文呗？"

"好呀。"我放下手中正在检查的自己的稿子，接过她的电脑。我细细地读着，一个词一个词地帮她梳理，帮她调整结构，查漏补缺。

将近一个小时后，我揉着干涩的眼睛把电脑递回给她，笑道："改完了，你看看。"

她似乎有些不好意思，抱着电脑看着我，略显难堪地说道："麻烦了。"

"没事，没事，"我摆着手道，"朋友嘛。"

我从小在善的家风中长大，这些帮助他人的善都已经印在心里、融在血里了。这一点善举是理所当然要做的，何况我们还是朋友呢。

在饭店被训斥的服务员，在飞机上坐在身边的高血压老人，在美国高中巨大校园里乱转的中国家庭……当碰到他们时，承继于家风的善都推动着我为他们做些什么。

这就是我家的家风——善。

善的能量传到我手中，改变我，再由我传承、传播，去温暖与改变更多的人。

解　放　童　年

换 种 思 路 做 父 母

第五章

出国也许不失为一种解放的路径

出国是否一定能给孩子带来成功，这是一个值得探讨的问题。但从成长的视角来看，出国无疑为孩子提供了心智发展的重要刺激。

越早出国越好，因为幼年是语言学习和内化的关键时期。回国后，应尽量保持类似的英文环境，否则孩子遗忘英语的速度会很快。

国外的小学教育涉及大学基础学科的初步知识，这避免了基础教育与高等教育之间的脱节，实现了学习阶段的无缝对接。

出国不仅能提高孩子的英语成绩，还能让孩子熟悉中西两种不同文化，让孩子从小就从狭隘的地域观念中解放出来。

“为什么要让孩子出国，还要花费那么多钱呢？”一位朋友这样对我说，他小时候从未离开过县城，但最终还是考上了大学，后来还自己实现了出国的梦想。

这位朋友的观点至少有几点值得推敲。

首先，这种父辈与子辈的类比忽视了不同时代教育环境的差异。当年的确如这位朋友所言，童年出国既无可能，父母也绝无这种意识，那是个有养无育的温饱时代。如我朋友这样能在那种环境下脱颖而出者属于凤毛麟角，甚至具有很大偶然性，乃“个别之例外”，非“全体之通则”。今天呢？孩子的童年教育为“通则”。这种情境下，固然可以复制我们的童年模式，但大势所在，不顺势而为，仍固守当年的温饱型教育模式，其结果恐怕不是让孩子脱颖而出，而是让孩子慢慢落伍，成为今天的“个别之例外”。

其次，就英文学习而言，朋友大学后出国，他的英文带有浓厚的洋泾浜口音，这极大地限制了他的社会交往和学业进步。但如果孩子在童年时期就出国，那么一口流利的英文只是副产品，更大的收获在于对异国文化的认知和熟悉。

再次，朋友的着眼点还是成功教育而不是成长教育。朋友的潜台词是：“我童年不出国还不一样成功地考上大学并出国了？”一般来说，成功教育只看结果，成王败寇，赢者通吃。成长教育更重视过程，它认识到心智成熟是一个需要终身学习的过程，正如“活到老学到老”和“毕生自修无尽期”所言。从成功教育的视角来看，孩子或许确实没有必要出国，因为谁能保证出国就一定能给孩子带来成功呢？然而，从成长教育的视角来看，只要条件允许，还是应该带孩子出国。孩子的发育不仅是身体上的，还包括心智上的。在心智方面，孩子的大脑就像海绵，需要父母不断提供新的心智刺激。出国就是一种这样的刺激，它不仅有助于孩子认识异质文化，还有助于孩子形成开放和包容的心态。

至于花钱，与其将来给孩子留下万贯家私，不如现在投资于教育孩子，所谓“积金千两，不如明解经书”。教育带来的成长是心智上的乘数效应，金钱的累积带来的充其量只是投资上的乘数效应。

最后，心智的解放必然以心态和视野的开放为条件，出国便是开放心态和拓宽视野的最佳方式之一。

父辈的出国梦

说起来，我对出国的兴趣还是源于我离家求学。我遇到了一位老乡唐老师，他对我非常好。每当他不在学校时，他就会让我帮他看房间。我那时最爱做的事情就是读他房间里一叠一叠的《参考消息》，经常看到深夜。这些内容真是“解渴”，讲的都是我平时接触不到的东西，或者是跟我平时看的报纸角度不一样的东西。后来工作了，我那乡长姐夫家里也有《参考消息》，它也成了我的最爱，同样经常是我的枕边读物。

再后来，随着书报阅读的增多，特别是那套轰动一时的“走向未来”丛书，极大地勾起了我去外面世界看看的欲望。我太想以一个旁观者的角度涉入其中，好好看看他们究竟如何一方面腐朽、没落，以至于垂死在即，另一方面又“走向未来”。

于是，孩子出生后，我来到温哥华，她妈妈去了伦敦。这第一次出国让我们感到，西方可能不会那么快地腐朽、没落和垂死，很重要的一点就是，它们不拒绝自身的否定性因素。正是对这些否定性因素的拥抱使其短处和不足不断地被发现、被突出、被直面，当然，也慢慢被解决。这种辩证哲学所谓的否定之否定能力越强，其生命力只可能越来越强而不是相反。甚至，无论社会还是个体，保有这种拥抱否定性因素的胸怀的话，都不可能没有生命力，都势必更好地“走向未来”。

第一次出国时，我感到手足无措，仿佛被人架在半空中。那里有完全不同的语言、脸孔、文化和环境。突然离开自己熟悉的一切，人无法不产生一种无根的感觉。在这种时候，人往往会变得非常低能，甚至对自己失去信心。记得我访学学院的女秘书见到我时，跟我打招呼说：“How are you?”我惊慌失措地回答：“Pardon?”秘书一脸无奈。我连我们从小就熟背的“Fine, thank you, and you?”都忘记了，为什么？因为恐慌。在恐慌的环境中，人是闭目塞听的，不再听到外面的声音，不再敢表达，哪怕用Chinglish（中国式英语）。不过，这些经历都是成长过程中无法回避的。

我们把自己的第一次出国视作“为孩子打前站”。

伦敦一年

无论从提升自我、促进孩子成长，还是从推动中国进步的角度来看，西方确实有值得我们借鉴的地方。以容闳、詹天佑等第一批清华大学留美学童为例，他们学成归国后，都为国家作出了巨大贡献。但无奈当时国家正面临“汉祚将尽”“夏庭遽衰”的局面，仅凭他们的力量难以支撑大局，回天乏术，这只能归咎于生不逢时。然而，时势并非个体所能左右，而个体的准备却可以随时随地进行。

孩子三岁时，我们全家前往英国留学。女儿就读的幼儿园是我所在大学的附属机构，距离主校区仅两三分钟路程。

女儿第一天去幼儿园，是她妈妈带去的。我担心女儿不适应新环境，出现如胆怯、不敢说话、不知道喝水、不会上厕所等情况。结果，女儿完全没有不适应，所有担心都是多余的，仿佛伦敦幼儿园只是她国内幼儿园生活的延续。

那所幼儿园位于临街地下室，大门挂着其所属大学的Logo。推开门，顺着约60度倾斜的台阶下去，里面空间挺大，有厨房、教室、活动室、洗手间。幼儿园配备一名厨师、两名女老师和一名男老师，接收十几个孩子。每天早晨，我们轮流送女儿坐地铁上学，车程约25分钟。现在回忆起来，冬天的场景居多，女儿穿着紫红色棉袄，头戴一顶淡红条纹帽子，手上戴着淡红条纹手套，脸蛋冻得红红的。

没过多久，孩子就基本能说一口流利的英语了。有一次，她回来跟我说“tidy up”，我教训道：“不对，是‘clean the room’。”后来发现原来是自作聪明。从那以后，我再也没有“纠正”过女儿的英语，反而主动向她学习地道的口语表达。还有一次，我在隔壁书房，突然听到已经睡着的女儿大声说着什么，跑过去一看，她还在说英语，原来是在做梦。

女儿在伦敦的日子总体上较为丰富。伦敦拥有众多博物馆和美术馆，包括公共的和私人的，综合的和专题的。我们经常带她去大英博物馆和国家美术馆参观。阿尔伯特博物馆外墙上的“二战”

弹痕，成为我们给她讲述历史的好素材。我们也带她去过大本钟、威斯敏斯特教堂、伦敦眼、伦敦桥、唐宁街和特拉法加广场。我们还一起沿泰晤士河徒步，穿越河底隧道去格林尼治天文台，看新年游行，到海德公园砸冰。在学校的企鹅雕像前，孩子模仿雕像的样子，仰着头，翘着鼻子，扁着嘴。那年圣诞下大雪，这是她第一次见到这么大的雪。雪花纷飞，大雪封门，我们带着她踩雪、团雪球、堆雪人。

对一种文化的感受，是走马观花式的旅游难以替代的。旅游只是站在外面和表面观看，而沉浸式生活能让人深入内部、置身其中，通过日常的柴米油盐、酸甜苦辣去慢慢品味和体会。

傍晚时分，我们走出Tufnell Park地铁站，远离了市中心的喧嚣与繁华。和孩子一起，我们走在橘黄色的路灯下，漫步在宁静而幽冷的街道上。道路两旁是一排排两三层高的房子，偶尔有车辆疾驰而过，卷起黄色的落叶。我们告诉女儿，这才是真正的伦敦。

让孩子在小时候出国值得吗

有人认为三岁的孩子懂不了什么，其实不然。这个阶段是语言“奠基”和内化的关键时期。而且，孩子的大脑具有强大的吸收能力，并不会像有些人担心的那样，学了英文就会丢掉中文。孩子小时候将英文内化后，回国在全中文环境中重拾中文，难度并不大。

因为孩子在国外学习英文是处于无意识状态的，回国后，我们一定要努力保持类似的英文环境，否则孩子遗忘英文的速度会很快。为此，我们在车上播放英文歌曲或故事，定期为孩子购买英文原版图书，在网上找原版迪士尼动画片。这样，孩子对英文的熟悉感不会被中断。

从语言角度看，只要英语的国际语言地位不变，就没有不学英语的理由，因为它直接关系到视野问题。所以，学不学英语不应有争议。

至于国内的哑巴英语，涉及的是如何学和如何教的问题。我们的英语教育过于注重把英语当作一门语言知识来传授，而没有像语文教学那样，引导学生领会其中的文化元素。语言说到底只是日常交流的工具，领会其内容的意涵和思想才是关键。同时，孩子也缺乏广泛使用英语的环境。从这个角度讲，我甚至认为每所学校都应该配备一名外教，但外教的选拔要慎重。不能看到长着外国脸的人就以为他们能教英语，滥竽充数的外国人并不少。英语环境主要是为了消除孩子对英文的神秘感和敬畏感，帮助孩子自然地打开所有感官，像接收中文一样去接收英语，放松地听、大胆地说、认真地读、模仿着写，并养成日常习惯。而我们现在通行的做法是让孩子死记硬背，结果一到应用时，孩子就因紧张而更加封闭自己的感官。

在英语学习上，家庭的配合不可少，而出国可能是学习英语的最佳途径之一。比如，我的一位同事在暑假把四岁的孩子送到美国幼儿园三个月，孩子的英文水平就有了质的飞跃。实际上，现在出国的渠道很多，甚至非常方便，关键在于父母是否愿意为孩子付出努力。例如，澳大利亚就开放了儿童留学，允许父母通过为孩子申请“学生签证”（Student Visa）、为自己申请“学生监护人签证”（Student Guardian Visa），带孩子到澳大利亚上小学。

从经济上讲，陪孩子出国一年需要花二三十万元人民币。不过，有些孩子在国内参加各类英语培训班的花费也许不相上下，但效果相去甚远。我们孩子在初一暑假结束后不久，裸考托福就取得了110分的成绩，这还是得益于她在英国学习时打下的“童子功”。

总之，如果仅从语言学习的角度考虑，在孩子两三岁到十岁这个语言学习的黄金阶段，将他们送出国一年甚至半年通常就足够了。这样，孩子不仅能轻松应对英语考试，节省大量英语学习时间，还能增强对英语的信心。因此，除非条件不允许，否则在孩子小时候带孩子出国是值得的。

然而，我们不建议让孩子在整个小学阶段都在国外度过，除非家庭有其他考虑。小学阶段是学习语言和文化的关键时期，如果孩子一直在国外，虽然习得了英语文化，但可能荒废了汉语文化，丢弃母语实在可惜。

澳大利亚的文化体验

小学二年级上学期，女儿随妈妈到澳大利亚悉尼的New Town School读书，我陪了几周。这对女儿来说，基本上是重温英文和开始熟悉澳大利亚文化的过程。澳大利亚1788年成为英国殖民地，1931年独立。澳大利亚人朴实、友好，以欧洲人自居，但澳大利亚地理位置离亚洲更近，与亚洲经济联系更紧密。

我们最初住在一套有若干中国留学生合租的两层楼房里，不久后搬走了。如前所述，出国不仅是为了解决语言问题或获取学历，更重要的是熟悉西方文化。如果只是一群中国人聚在一起，除了上课，基本很少有讲英语的机会。所以，留学最好选择住学校宿舍。只有朝夕相处，才可能真正实现文化的碰撞与交流。但由于带孩子，我们申请学校宿舍很困难。后来租到一套公寓，其中一间由一对澳大利亚博士生租住，女儿和妈妈住另一间。女儿很快就和那对博士生混熟了，她喜欢跟他们一起读书、看CD、听音乐。

虽然只有半年时间，但孩子开始接触国外的学校教育。我有空的时候，去女儿班级帮过一次忙，他们注重培养孩子的个人品质，但不是通过说教，而是通过孩子间的相处以及老师的示范来实现。

学校上午9点上课，下午3点放学。中间有水果时间、午饭时间，下午1点还有下午茶。我曾问老师为什么放学这么早，老师惊讶地反问，孩子们能长时间集中注意力吗？

尽管最初只是出于语言目的带孩子出国，但后来我们越发认识到，穿梭于中西文化之间更有价值。为此，我们决定在孩子小学毕业前再带她出国一次，于是我带她来到了澳大利亚另一座城市布里斯班。

我和女儿都喜欢所在的Kelvin Grove小镇，这里有一所大学、一所小学和初中一贯制学校、中心商业区和几个居民区，横竖四五条街就构成了小镇的全部。小镇人少、车少、高楼少，阳光充足、鸟儿众多、绿地遍布，不同肤色的人也很多。小镇居民习惯早上喝咖啡，晚上喝啤酒，然后聚在一起闲聊，十分惬意。小镇虽小，但并不土气，因为大学的存在，其国际化程度很高。公交、超市、ATM（自动取款机）等设施一应俱全，周六还有以青菜、水果、小吃为主的周末市场。

傍晚，我们去新学校Kelvin Grove Junior School看了看，学校

只有一幢三层的行政楼和一大片绿草坪，各年级教室分布在草坪周围，是一片片的铁皮房。我喜欢他们的校训：be safe（安全），be responsible（负责），be respectful（尊重）。这让我想起老家“六岁看六十岁”的说法。

第二天早上8点半，阳光明媚，树影摇曳。我见到了女儿的班主任Mr. D，他是一位看起来温和的高个子白人小伙子。寒暄几句后，我和Mr. D再次握手，便离开了教室，女儿开始了在澳大利亚一年的学习生活。

澳大利亚的师生关系随意、平等，老师把孩子当作大人看待，尊重孩子，信任孩子。这里不存在班长监视组长、组长监视组员的现象。女儿说，校长见到学生都会主动打招呼，倒是孩子们有时玩得太投入，连回应都没有，更别指望他们恭敬地向校长问好。

再看课程设置，这里的课程没有主科、副科之分。体育课开展得很正规，有游泳、球类、体操等项目。五年级的文化课程包括英语、数学、意大利语、公民教育、科学、健康、地理、历史、技术等九门科目，体育和艺术类课程有体育、艺术、音乐、天才一小时（Genius Hour）等四门科目。英语课程分为三个部分，即阅读、拼写和写作。这样算下来，实际上有15门课程。上课形式灵活多样，有合班上课，也有分班上课。例如阅读课和拼写课，会根据学生的不同水平在年级内分级，同一水平的学生在一起上课，避免了一个班级学生水平参差不齐却上同样内容的问题。这里的班级规模较小，一个班27—32人，便于实施这种多样化的教学形式。

澳大利亚的学校在教学中充分利用家长资源。如果家长是医生，老师会请他们来讲一两次健康课；在政府机关工作的家长，可能会被邀请上公民教育课；在银行工作的家长，会来给孩子们讲解货币知识；在旅行社工作的家长，则可能走上地理课的讲台。

这种多科目、多形式的教育模式不仅丰富了课堂教学内容，还拓宽了孩子的知识面。的确，人生漫长，第一步是开阔眼界，就像建高楼，楼越高，地基就要打得越宽。先拓宽学科基础，再像国内教育那样追求少数学科的高精尖并不迟。而且从小涉猎大学基础学科的初步知识，有助于孩子以后更自然地衔接大学教育。

澳大利亚的课堂教学强调课程的游戏性质和孩子的主动性。例如，历史课不是让孩子死记硬背，而是让他们自己设计历史闯关游戏。谁设计的闯关环节最多，谁就会受到表扬。这种方式符合孩子的心理特点，孩子在游戏中记忆和强化历史知识。数学课也尽量采用游戏设计的方式，让孩子掌握相关知识。

最能体现孩子主动性的课程是“天才一小时”。这是一门研究型课程，要求学生选择自己感兴趣的话题，提出研究问题，然后，通过网络或书本查找资料、进行研究，列出主要观点和正反方意见，最后将这些内容制作成PPT并在课堂上陈述。陈述结束后，还有问答互动环节，台下同学可以向参与陈述的同学提问。这门课程让我意识到这种小学教育虽小却五脏俱全。这是标准的学术研究训练，而且从小学就开始了。再加上写作过程中的PEEL论证训练，连引言、关键概念以及参考文献出处等研究伦理都已涉及。这事实上是大学教育的模拟与雏形，实现了从小学到大学的无缝对接，可谓从娃娃抓起。

总结而言，从功利角度看，带孩子出国是学习英语的有效捷径。回国后，孩子能够从容应对国内英语考试。不过，父母要注意在孩子回国后保持其英文使用环境，否则孩子的英文水平可能会下降到出国前的水平。

出国不仅能帮助孩子学习英语，还能让孩子获得语言和文化的双重优势。在这个互联互通的世界里，这种优势怎么强调都不为过。而且孩子从小熟悉中西两种不同文化，有利于开阔国际视野，培养全球化观念，形成开放、包容的性格和胸怀，从小就能自觉、主动地从狭隘的地域观念中解放出来。

附录

小小“联合国”

小尹

早上体育大厅里，Miss Dickie让Jakob告诉她该做什么运动，Jakob知道是压腿（lunge），但发不出“ŋ”这个音。班主任Mr. D见状，马上解释说：“Jakob是德国人，发不出‘ŋ’这个音。”

这只是我们班不同国籍、不同种族同学融合的一个小例子。今年4月，我随爸爸来到澳大利亚布里斯班市Kelvin Grove Junior School读五年级，这是一所国际化程度很高的澳大利亚公立学校。

我们班虽然只有31个学生，却来自14个不同国家，有白人、黑人、棕色人种、黄色人种，简直就是个小联合国。Tala和Ghala来自沙特阿拉伯；Linh来自越南；Denver从法国来到澳大利亚；Abdul是伊拉克人；Jakob是德国人……还有来自新西兰、印度、菲律宾、伊朗、西班牙、朝鲜等国的同学，当然，还有来自中国的我和Rain。剩下近十个同学是澳大利亚人，但他们的父母往往也不是澳大利亚人，例如Ella的爸爸是从智利移民到澳大利亚的；Zahara的爸爸是中东人，妈妈是英国人。

来自不同国家的同学都带有自己的种族文化印记。Denver虽然英文地道，但身上总有法国人的激情；Mr. D点名时，他抓着小腿，盯着Mr. D，迫不及待的样子。Jakob有一种德国人的冷幽默。Sunera刚从北欧来，说话很快，口音很有韵律，像可爱的松鼠磨牙。Ghala的午饭永远是辣辣的豆子（阿拉伯人喜爱的菜），Rain的午餐基本是大米饭。

同学们对外国文化都很好奇。有一次，代课老师怎么都无法让Rain明白该做什么，我就成了翻译，给Rain讲中文。这时，一桌子同学都停了下来，侧着头听我们说话。Rain的好朋友Lorenzo来自西班牙，他总是让Rain教他说中文，体育课上我都听到Lorenzo用中文说“谢谢”。我的好朋友Linh和Jenny都是越南人，她们经常互相讲越南话，我们就在一旁充满好奇地听着。

我们的老师也有一些来自澳大利亚以外的国家或者是其他族裔，例如Mr. D是德国裔澳大利亚人，Ms. F几年前从爱尔兰移民过来，Ms. J说一口欧洲口音很重的英语，应该也不是正宗澳大利亚人。

有趣的是，“澳大利亚人”并非本土澳大利亚人，本土澳大利亚人现在被称为澳大利亚土著人（Aboriginals），而如今大部分“澳大利亚人”是19世纪从欧洲移民过来的。更有意思的是，法国早就发现了澳大利亚这块土地，但法国人认为这里是不毛之地就离开了，结果英国人后来居上，将澳大利亚变成殖民地。差一点，澳大利亚人今天就说法语了。

解放童年

换种思路做父母

第六章

解放孩子就是玩平衡的游戏

玩耍是孩子的天性，别把父辈的生存焦虑代际传承给孩子，应尽可能为孩子挡开许多不必要的压力。

过于强调学习，会让孩子误入学习乃人生唯一目的的歧途。

给孩子的心灵与世界免于恐惧的自由。最不该管教的是孩子的思想，最该管教的是孩子的言行。管教是为了实现孩子的自我管教。

智力成长和心理成长失衡，不利于孩子的成长。保持二者平衡，需要正确理解知识、性格、情感三者的关系：情感是基础，性格是中坚，知识是末梢。三者依次递进，方能相得益彰。

过度关注孩子，很容易养成孩子的自我中心观，孩子也无法发展“心理上的免疫力”。不要让爱成为孩子的负担，孩子有孩子的生活，父母有父母的生活。

当我提笔写下这个题目时，我的脑海中突然浮现出宋玉《登徒子好色赋》里的那句话："增之一分则太长，减之一分则太短；著粉则太白，施朱则太赤。"说到底，东家之子的美就在于维持各外貌要素之间的平衡。人生又何尝不是如此呢？人生就是一场平衡的游戏，在得与失之间平衡，在入世与出世之间平衡。因此，平衡是孩子教育中的重要原则之一。

每每面对孩子，无论是在她玩耍的时候，读书的时候，打球的时候，还是目送她步入校门的时候，我总会好奇地想：孩子将会拥有怎样的人生呢？或者从另一个角度说，我希望孩子有一个怎样的人生呢？只追求功利的人生是没有意义的。一方面，功利无止境，以有限的生命去追求无限的功利，既违背了平衡原则，也非人力所能及；另一方面，功利终究只是实现幸福的手段，人生的目的在于幸福，意义也在于幸福。然而，在这个世俗社会里，功利常常是尊严的通行证，过于超脱功利的人生很可能难以幸福。所以，我希望孩子能在功利和幸福之间找到合适的平衡点。

平衡作为人生原则始终贯穿于孩子的童年教育。这种平衡包括：玩耍与学习的平衡、体制内与体制外的平衡、管与不管的平衡、智力成长与心理成长的平衡、穷养与富养的平衡、孩子生活与大人生活的平衡、生与死观念上的平衡。

当然，所有这些平衡观都是为了孩子灵魂的自由和心智的解放。

玩耍与学习的平衡

玩耍是孩子的天性，我们还是希望孩子如我们当年那种类似无人管的“野孩子”一样，至少小学时期主要就是玩耍，没有什么学习压力。所谓“不塞其原，则物自生”“不禁其性，则物自济”[1]，大抵如此。这样，孩子反而容易获得相对轻松的人生起点和相对自由的心境。

如今，很多施加给孩子的压力来自父母，是父母将生存焦虑和竞争压力转嫁给了孩子，实现了焦虑和压力的代际传承。因此，每当面对女儿，尽管深知人活着不可能没有压力，且一点压力都没有也未必是好事，但我们心底还是希望她的压力能小一些，常规性有压力的日子能来得晚一些。于是，我们做父母的就像一把大伞，为孩子挡住许多不必要的压力。

首先，减轻课业压力。对此，我们提前做好准备。在孩子三岁时，我们一家三口在伦敦待了一年，女儿在这一年里熟练掌握了英语，为她后来的英语学习减轻了很大压力。事实上，得益于英语老师的开明，她小学的英语作业基本上都没做，后来到初中也是如此，英语课不用听，英语作业不用做。

其次，不给孩子上任何课外知识补习班。当初她幼儿园大班后，有朋友建议让孩子暑期上学前班。我们去看了一眼后，当即决定不上。因为人生就像一个接一个的航程，我们就是撑船的艄公。每进入一个阶段，我们感到新鲜；每告别一个阶段，我们感到欣

① 王弼. 老子道德经注校释[M]. 楼宇烈校释. 北京：中华书局，2018：24.

慰。正是在这种清晰的阶段性中，我们感受成长与成熟。我们希望孩子的学校教育也能让她有这种人生阶段感。同时，我们也不安排孩子上奥数班，就按照普通班普通孩子的思路走。总之，除了课堂作业，我们不给孩子布置任何额外作业。女儿的课堂作业一般在放学后一个小时内就能完成，然后吃晚饭。饭后，她能固定拥有一个小时的玩耍时间，这种在玩耍中的投入和自由对孩子来说很宝贵。

而且，过于强调学习可能会让孩子从小误入学习是人生唯一目的的歧途，正如清华大学教授鲁白所说：

> 你看中国的小孩子，父母整天逼着他学习，今天学这个，明天学那个。说是为了将来的幸福。还美其名曰“吃得苦中苦，方为人上人”。你整天miserable，将来会happy吗？我认识的这类“好学生”，有很多是长大了也不开心的。总是想着他还没有的东西。总是在奋斗。多么不幸啊！……他真的不知道如何欣赏生活，享受生活。打个比方，这种人就像不太会游泳的人，在深水里，就拼命地游啊游，好不容易抬起头吸了一口气，又埋头拼命地游。一年一年过去了，你到底游到了哪儿呢？[①]

再次，学习不一定与玩耍相矛盾。对孩子来说，有些学习本身就是玩耍的一部分。例如，我们孩子学习数字的时候，我们爬楼梯，那巨大的楼层数字就成了她最早的数字启蒙。我们是随口跟她说的，她也应该是当作好奇的游戏来记忆的。她识字的过程也是如

① 清华教授解读：毕业后回国还是留美？[EB/OL].（2025–01–28）[2020–02–08]. https://m. huanqiu. com/article/9CaKrnJYbCh.

此，我们刚开始没有刻意去教她，而是主要依靠她的课外阅读，依靠她对书本故事本身的兴趣。也就是说，对她而言，阅读本身就是一种玩耍。

总之，作为父母，我们尽可能从孩子的学习中挤出时间，以平衡孩子天性的玩耍需求。在国外，每每看到那些在自由玩耍氛围中长大的孩子身上的天然轻松感，我们都心生羡慕。那才是童年，才有童真。相对而言，国内孩子身上，父母雕琢的痕迹往往比较重，也让他们过早地体验到疲惫感，过早地成熟和失去童真。还是给孩子一个自然而不事雕琢的童年吧！

体制内与体制外的平衡

在讨论如何保持二者平衡之前，我想先简单界定一下这里所讨论的“体制内外”的概念。“体制内外”可以从两个角度来理解：一种是指办学方式，体制内指的是公办学校，体制外指的是民办学校；另一种是指升学方式，体制内指的是参加高考，走中国教育路线，体制外指的是出国留学，走英美教育路线。

对于我们这种以普通思路养育孩子的家庭来说，选择体制内还是体制外原本不是一个需要特别纠结的问题。但孩子被耶鲁大学录取后，与一些家长的聊天促使我对体制内外的问题深入思考。

到底是体制内还是体制外，这没有标准答案，取决于每个家庭的状况，尤其取决于对孩子的期望。尽管如此，以我们的孩子为例进行说明，或许能帮助一些正在为此苦恼的家长们。

一、我们孩子的体制内外经历

在我们家，我们对自己孩子的期望是什么呢？我们一直秉持普通养孩子的信念；具体来说，就是希望孩子有一份自食其力的工作，拥有一个普通而幸福的人生，这就够了。为此，我们的孩子从幼儿园到高中，走的都是公办学校的普通孩子的路径。

幼儿园，我们孩子上的是小区公立幼儿园。有些父母选择早教班、双语幼儿园，未必是好事。好的早教是什么？是亲近自然，培养孩子观察和思考的能力，塑造性格，而不是把孩子圈在一起进行知识灌输。此外，人生有阶段性。孩子以后坐在教室里的时间还长呢，小时候应该是亲近自然的放养阶段。其实从“早教”这个名称就能看出问题。所谓“早教”就是“提早教育”，教育什么呢？教育知识。说白了，早教班就是孩子提前学知识的地方。这样，孩子以后乍一看就在同龄人中领先了，但这种与同龄人的知识差距很快就会被抹平。提前学知识还容易给家长造成“孩子很优秀”的错觉，容易让孩子骄傲自满。

至于双语幼儿园，现实中有多少孩子的英语学习是真正依赖双语幼儿园的呢？这本身就是个问题。双语幼儿园的英语老师水平参差不齐，而且并不是全英文环境，只是一两节课。英语学习更多还是依赖家庭尽力创造英文环境，单纯依靠幼儿园和学校教育是有些困难的。

小学，我们孩子上的是当地口碑较好的公立小学之一，这纯属运气。当年我们单位有适龄子女的员工一起抓阄，结果我幸运地抓中了。既然获得了入学资格，我们就让孩子去上了，但学校不在家门口，每天接和送各要花费20分钟。最大的问题是，孩子在小区几乎没有玩伴。我们小区有一所小学，如果就近上学，孩子在小区会有很多一起上下学的小伙伴。独生子女本来就长期独处，小区又很少玩伴，就性格培养而言，这并不好。

由此我们想到，小学没必要拼命择校，就近入学更有利于孩子成长。总体来说，孩子越小，性格、习惯越重要，玩耍、伙伴越重要，知识越不重要。而且，小学知识对家长来说并不难，盯紧孩子对知识点的掌握就够了，不要过多挤压孩子玩耍的时间，要给孩子放养的时间。所谓物极必反，事与愿违。过多挤压孩子时间，未必就能同比例提高孩子成绩，本质上不过是在提前打疲劳战。学习，不是看孩子花了多长时间，而是看孩子单位时间的收获，即学习效率。换言之，帮助孩子提高学习效率，比单纯拼孩子的学习时间总量对孩子更有意义。那么，提高学习效率，与学校更相关还是与家庭更相关呢？应该是后者。

孩子天生就像一朵花，教育的意义在于让这朵花开得更加艳丽、更加持久，而不是让孩子过早地沉溺于作业堆中，过早地失去朝气，过早地枯萎。如果学校做不到这一点，家庭有必要尽可能地平衡，而不是增添促使花儿枯萎的力量。如果学校的优秀是因为有益于孩子保持花样年华，这样的学校或许值得追捧。相反，只追求升学率的学校未必值得家长挤破头让孩子进去。

初中时，我们孩子顺其自然地升到与小学配套的中学。尽管深圳有一所很多家长追捧的寄宿式初中，但我们没有报名，因为我们不想让孩子那么小就进入竞争激烈的环境，更不想让孩子这么小就离开我们独立生活，毕竟孩子羽翼未丰。

高中时，我们确定了让孩子出国的路线，但当时有三个计划。

将10年级插班美国八所顶级寄宿高中[①]作为Plan A，将体制内国际体系作为Plan B，将体制外国际高中作为Plan C。在Plan A方面，由于申请出国经验不足，孩子的独特性没有得到充分展现，加上是插班生，最后都被放入了等待名单。我们也没有积极地向各校发送“求爱信”，结果全军覆没。现在想来，当时的做法就像只申请哈佛、耶鲁、普林斯顿、斯坦福和麻省理工这样顶尖的美国大学一样不切实际。不过，我们在申请美国高中时不留后路，正是因为对Plan B和Plan C比较有信心。而且我们也犹豫不决，甚至舍不得这么早就把孩子送出国。就这样，在参加中考之前，孩子参加了深圳某国际高中的选拔并被录取，Plan C得以实现。后来，通过中考和自主招生考试，她最终就读于深圳中学国际部。

也就是说，我们孩子的教育一直走的是体制内路线，尽管最后取得的是体制外成果。当然，不可否认的是，如前面出国篇所记录的，我们女儿从幼儿园开始三次出国，体验体制外的教育，这使她在整个受教育阶段相对自如地穿梭于体制内外。

二、义务教育阶段还是在体制内比较好

如前所述，关于“体制内外”，就办学方式而言，我的建议是优先选择公办学校。

教育是一个需要沉淀资源的行业。公办学校大多历史悠久，而龙头公办学校更是集中了当地最优质的教育资源。与无盈利之忧的

① 这八所美国顶级寄宿高中是Phillips Academy Andover、Phillips Exeter Academy、The Hotchkiss School、Choate Rosemary Hall、Groton School、The Lawrenceville School、St. Paul's School、Deerfield Academy。

公办学校不同，民办学校既然是民办的，就不是慈善机构，必须考虑盈利问题。因此，精打细算在所难免。而且，受制于经济状况，民办学校的存废变数相对较大。例如，曾经一度流行的国学私塾式民办小学，最后存活下来的寥寥无几。还有一些由海归精英创办的家庭式小学，最终也大多解散。这些民办学校的初衷可能是好的，比如探索一条不同于国内“一刀切”应试教育的道路，但在资源支持方面，民办教育往往捉襟见肘，与公办教育不可同日而语。而且时间不可逆，孩子没有太多时间和机会给家长试错。因此，就资源而言，公办学校更靠谱，风险更小。

即便民办学校资源无忧，我们也需要扪心自问，为什么要送孩子去民办学校？可能有的父母会说，希望孩子从小与众不同，走精英路线。这同样取决于我们如何理解精英。精英指的是出类拔萃的人。民办学校充其量只能提供让孩子成为精英的可能性，这种“孩子读民办学校就能成为精英”的想法不过是父母的精英幻想。我更怀疑这是否有利于孩子的成长与解放。尤其是，为什么非要孩子不普通、精英地活着呢？

从功利的现实生存角度看，民办学校也未必是好选择。民办学校是一条小众道路，但如前所述，孩子上了民办学校未必就能成为那小众精英，说不定最后还是作为大众活着；即便最后真成了精英，还是要频繁与大众打交道，若不熟悉大众之道，这种错位感可想而知。举个简单例子，我们孩子小学刚从国外学习回来，坐公交车总是认真排队、礼让他人，结果人稍微一多，总是被他人抢先、插队或挤到一旁，总是上不了车。我急了，只好到她后面把她往前推。排队礼让固然好，但人多车少是现实国情。如何在遵守规则的同时适应环境，是我们和孩子都需要学习的一课。

就升学方式而言，我建议根据孩子的具体情况来决定。但孩子什么时候能大体确定适合自己的升学路径呢？初中二年级是一个比较合适的时间点。

相对于选择公办学校还是民办学校，选择升学方式更要慎重，尤其是在孩子很小的时候。因为一旦确定了走哪条升学路，基本上就没有回头路了，需要一条路走到底。但在孩子很小的时候，我们如何知道哪条升学路最适合他们呢？正如前面提到的，小学刚入学就分语文实验班、数学实验班是没有必要的。因此，很小就确定升学方式的，大多是父母的主观决定，我们不能轻率地拿孩子作为未经深思熟虑的教育理念的试验品。

这里展开说一下，中国孩子最显著的身份烙印是中国人。即使他们将来在国外就业，外国雇主考虑的最重要因素之一，可能还是其中国人身份。

对于中国孩子，幼儿园和小学阶段是学习母语中文的最佳时期；同时，他们身处中国，拥有学习中文的最佳环境。国内小学生的中文基础普遍打得很扎实。既然如此，我们何必舍本逐末，把孩子送进体制外的国际学校，甚至全英文学校呢？少数父母过度强调英文，甚至在家里也跟孩子讲英文，结果孩子的中文水平急剧退化，甚至有的孩子说中文都成问题。其结果是，英文和老美差不多了，但中文水平一直停留在幼儿园水平，甚至反过来成了孩子的“外国语”，十分可惜。要知道，很多在美国出生长大的中国孩子，即俗称的ABC（American-Born Chinese，在美国出生的华裔），他们的父母反而在美国疯狂地给孩子找老师补习中文。因此，没有必要从幼儿园或小学阶段就送孩子到国际学校，走体制外的路。既然中国人是我们的身份烙印，我们就学好中文，让中文成为我们的比较优势。

至于初中，除非孩子确实不适应体制内学习，否则也不必急于让孩子在体制外上学。因为总体来说，体制内转体制外相对容易，体制外转体制内基本不可能。

还有体制外国际学校费用高昂的问题。国内小学初中九年制义务教育免费。但国际学校从小学到初中，一年按20万元计算，就要180万元。20万元一年对普通家庭来说不是小数目，更别说出国后续还有大把花钱的日子。家庭还得考虑通货膨胀、经济波动、职业稳定性、英美高中学费逐年攀升等因素。就目前看，美国大学一年学费大约70万元人民币[①]，这需要家长有充分的财力和心理准备。

知己知彼也很重要。与体制内高考路线单一拼高考分数不同，体制外出国路线需要孩子在学业、科研、竞赛、社会实践、公益活动等方面“遍地开花”。而且不像高考路线的父母可以做甩手掌柜，出国路线的父母必须深度参与孩子的留学全过程，即便请了中介也大多如此。当然，出国路线能让孩子更早开拓国际视野，更早有自我意识，更早关注自己的学科兴趣。

有些父母认为，孩子学习不好就送出国，这是对出国路线的误解。相反，那些成绩好、学习有潜力的孩子才更值得出国，而且最

---

① 如果孩子在美国出生，就自动获得美国国籍，孩子长大后在所出生的州就读公立大学，将按本州学生收取学费，比国际生便宜很多。但是，如果孩子在所出生州之外上大学，费用则跟国际生相同。

好瞄准美国US News前40[①]、英国G5[②]、澳大利亚前四强[③]、加拿大前三强[④]，或者QS世界排名前100的高校[⑤]。一般来说，排名靠前的学校的总体氛围相对更好，学校氛围对正处于成长关键时期的孩子有强烈的熏染作用。在一两门课程上有浓厚学习兴趣且成绩突出、但其他学科较弱的孩子也值得出国，也就是所谓的“偏才”。出国体系不像高考体系要求孩子门门课程成绩优秀，恰恰相反，它希望看到孩子在某一学科领域的学习热情和探索深度。那么，偏才孩子选择出国体系，很可能如鱼得水。当然，前提是英语成绩比较好。至于学习潜力有限尤其英语一般的孩子，最好留在国内读；就收获、竞争力和性价比而言，这样做可能更值得。撇开巨额花费不谈，出国学习首先面临语言关，其次学习压力大，还有文化冲击，非常考验孩子的自主学习和自我挑战能力以及自律意识。而且，现在不是一张洋文凭走天下的时代了，还是要看文凭的含金量，看孩子的真才实学；否则，即便拿到一张洋文凭，也只是浪得虚名。

---

① 网址见：https://www.usnews.com/best-colleges/rankings/national-universities。

② 英国G5，英国牛津大学、剑桥大学和伦敦大学构成“金三角”。不过，伦敦大学由十余所行政独立、高度自治的学院构成，我们通常说的G5包括牛津大学、剑桥大学、帝国理工学院、伦敦政治经济学院、伦敦大学学院。而且，帝国理工学院2007年已经脱离伦敦大学而独立。

③ 澳大利亚前四强，指墨尔本大学、澳大利亚国立大学、新南威尔士大学、悉尼大学。

④ 加拿大前三强，指多伦多大学、不列颠哥伦比亚大学、麦吉尔大学。

⑤ QS世界排名前100的高校，这里是以更为基础性的本科教育而言的，不适用于专业性更强的研究生（硕士、博士）教育。

如果确定走体制外的出国路线，就可以考虑在初二开始做准备，在初三进行转换，因为中国的初三相当于国外教育体系中的高一，即九年级。国外的高中通常是四年制，从九年级到十二年级。因此，初三时转换到体制外的出国路线，可以与国外高中阶段实现无缝衔接；同时，孩子也可以避免参加体制内令许多学生感到压力巨大的中考。不过，是否首选美国高中，这是一个见仁见智的问题。就孩子的成长而言，重要的不仅在于升学，而且如前所述，我们需要考虑能陪伴孩子多少年。况且美国高中的费用基本等同于美国大学的费用，申请程序跟美国本科一样千头万绪名堂多，就是美国本科申请的缩小版，例如同样需要托福、SSAT（美国中学入学考试）等标准化考试成绩。如果了解不多、准备不充分，恐怕也申请不到好的美国高中。

如果孩子非常独立且抗压能力强，那么到美国读高中是一个值得考虑的选择，这能让孩子更早接触美国文化。而且，美国本科对美国高中的熟悉度和认可度相对更高，这意味着孩子更容易进入理想的本科院校。在选择美国高中时，建议首先考虑八所顶级寄宿高中，其次考虑第二圈层的寄宿高中，最后才是寄宿家庭式的走读高中。因为让孩子与同龄人一起学习和生活，更有利于他们的成长；而寄宿家庭可能会让孩子有寄人篱下的感觉，且不可预测的因素较多。当然，顶级寄宿高中的竞争也非常激烈。所以，如果决心读美国高中，也应该像申请美国本科一样，按照冲刺、匹配、保底拉开档次，以免重蹈我们的覆辙。申请顶级寄宿高中全军覆没的情况，对我们的孩子有负面心理影响，甚至可能给她后面的美国本科申请留下阴影。她当时就说过，我们太高估她了，结果连个美国高中都没申请到。后来，我们反复纠正她，是八所美国顶级寄宿高中没申请到。我们当时并没有铁定要让她读美国高中，而是主要按照冲刺美国顶级寄宿高中（Plan A）、匹配深圳中学国际体系（Plan B）、保底深圳某国际高中（Plan C）的思路走。不过，现在回头看，即便采取这样的思路，也应该按照差别原则，多申请几所美国高中。这样，大不了最后不去读，对孩子心理的影响会小很多。这些都是教训，人生没有回头路，我们应尽可能让孩子成长少留遗憾。

当然，读美国高中未必是进军美国本科的唯一选择，体制内的出国体系也有其长处与优势，最大的长处是父母能多陪伴孩子三年，让孩子心理更成熟些再闯世界。女儿小学老师的提问一直萦绕在我们心间，那就是："我们能陪孩子多少年？"此外，体制内国际体系按正常公办高中标准收费，每年大约2000元。这与国际学校动辄每年二三十万元、美国高中动辄每年近十万美元的收费相比，差距巨大。当然，体制内出国体系的高中需要孩子先通过中考拿到相应高中入学资格。而且，体制内高中国际部执行的仍是国内高中通行的三年制，比规范的四年制国际高中少一年。同时，公办高中统一要求完成体制内规定的高中学业课程，即语文、数学、外语、思想政治、历史、地理。这些都导致孩子在学业方面比体制外国际高中的学生忙碌、辛苦很多。但世间事总是有得有失，全看个人取舍。

最后，即便孩子选择走体制内的高考路线，仍然可以用高考成绩申请国外大学的本科。美国的一些高校，以及英国、澳大利亚、加拿大等国家的多数高校都接受高考成绩。当然，各校对高考成绩的要求存在差异。

总之，在一般情况下，九年制义务教育阶段在体制内接受教育是比较合适的。在初中二年级确定是走高考路线还是出国路线，并不算晚，但也不宜迟于初三上学期，因为出国体系的英语标准化考试对于第一次考虑出国的孩子来说是一道难关，备考宜早不宜迟。其实，无论选择哪条路线，学好英语都是必要的，与学好中文一样重要。至于两条路线哪个更优，则取决于每个孩子的具体学习情况和兴趣取向。总的原则是选择那条更适合孩子、更有利于孩子心智解放的路线。

管与不管的平衡

现在回过头看，对孩子的管教本可以少些。在管与不管之间，总的原则是顺势而为，能不管就不管，尽量无为而治，让孩子率性而为，野蛮生长。这样，家长会更轻松，孩子也会更快乐。孩子毕竟还是孩子，能做错多少事情呢？最多不过是打翻一杯牛奶、丢掉一把吉他、摔破一次腿、晚回家五分钟，这些又有什么大不了的？在教育孩子时，我常常想起那句名言："世间本无事，庸人自扰之。"

不过，对孩子采取听之任之、放任自流的态度同样不可取。还是那句话，孩子毕竟是孩子，他还没有足够的理性对自己的言行及其后果进行充分把握与分析，家长给予引导尤其必要。否则，孩子就像小树一样，会旁逸斜出，甚至枝蔓丛生。

一、很多管教是多余的

家长最易犯的错，就是从家长而非孩子的眼光来揣度和评价孩子的言行。蒙台梭利说过："教育不好孩子，是因为你没走进儿童的内心世界。"我们要用孩子的眼光理解孩子的言语，从孩子的心理出发管理孩子的行为。

我们孩子两岁左右，刚学会走路时，正值杨柳抽芽的时节。春风伴随着老人们的琴声和歌声，让人感到懒洋洋的。园子里到处都是老人带着孩子在散步、晒太阳、聊天。我推着儿童推车，精神却紧张于女儿尿裤子。我时而抱她把尿，有时成功，但大多时候，女儿头往后仰，肚子一挺，就从我手中滑下去。可一会儿再摸尿布，湿湿的。我马上想起小时候大人们对付孩子尿裤子的方法，就是使劲打屁股，嘴里念叨着"叫你拉，叫你拉"。我立马效仿，把孩子拽过来，先猛打再换新尿布。女儿"哇——"地边哭边跑，我在一旁生气。然后，再拉再打再哭再气，可孩子没像大人期望的那样打一次就长记性。现在看，这点小事管它干吗？孩子太小，身体没长到定时拉尿的程度，让孩子尽情玩就是。船到桥头自然直，到一定年龄，孩子自然就不尿裤子了。

这真是糟糕的"管教"，违背天性，适得其反，让孩子只习得恐惧。卡夫卡对此有逼真的描写：

确实，你没有真正打过我。可是你的叫嚷，你的涨得通红的脸，你急匆匆地解下裤子背带，把背带放在椅背上随时待用，对我来说比真打我更可怕。我就像行将被绞死的人。若是真被绞死，一死也就没事了。而他如果不得不亲眼看见被绞死的所有准备工作，一直到绳套已吊在面前了，才得知获赦，那他可能会为此痛苦一生。[①]

阿伦特早就指出，恐惧是专制的基本特征[②]。奇怪的是，我们家长一方面憎恶专制，另一方面却在孩子心灵播撒恐惧。我们该看看孩子的作文，看里面有多少个“怕”字。在孩子的字典里，“怕”就是我们家长说的“恐惧”。再看看哪些“怕”，是我们通过所谓“管”的方式亲手施加的。针对这些“怕”，我们如今要设法将其从孩子那里驱逐出去，给予他们的心灵世界免于恐惧的自由。

后来，比如摔碎瓶子或打烂碗这类事情，我们通常会装作没看见，也不必连说“没什么、没什么”这样看似安慰实则强调事态严重的话。我们只是起身收拾干净，然后继续之前的话题。

有时我想，现在的孩子真可怜，这个不准碰那个不许摸，这么小就开始受到种种限制。湖水不能碰，怕掉下去；火不能碰，怕烫伤；玻璃不能碰，怕打碎；下雨天不能出去，怕淋湿；电器不能碰，怕触电。孩子安全固然要重视，但过度保护也不好，不能因为害怕孩子受伤就阻止他们探索世界。

女儿一岁多时，有一次坐在客厅飘窗的沙发垫上玩耍，不知怎的移到了飘窗边沿，“嘭”的一声掉到了地板上，大哭起来。当时我们既自责又心疼，但事后想想，在没有大的安全隐患的情况下，让孩子体验一下跌倒的滋味并非坏事。

---

① 卡夫卡. 卡夫卡中短篇小说全集[M]. 叶廷芳，等译. 北京：人民文学出版社，2015：432.

② 汉娜·阿伦特. 极权主义的起源（第二版）[M]. 林骧华，译. 北京：三联书店，2014.

更多时候，孩子的世界并没有那么多危险，我们不必过度紧张，不必分散孩子探索世界的注意力。我们在他们身边，可以让他们尽情玩水，只需从后面抓住孩子的衣服以防万一。我们在他们身边，可以让他们尝试玩火，甚至有意无意地让孩子的小手轻微感受火的热度。

二、适宜管教什么

在管教内容上，遵循“能不管就不管”的原则。最不适宜管教的是孩子的思想。无论孩子怎么想、在作文上怎么涂鸦，都值得鼓励。但父母最好能就孩子的想法提供更多方面和角度的选项，培养孩子的开放心态和多元视角。

那么，适宜管教的是什么呢？是不尊重人的言行，尤其是污言秽语和歧视性语言的使用。“国骂”是绝对不允许的，“疯子”“精神病”等侮辱性或不尊重人的言辞也不允许。在行为举止上，不允许模仿电视剧角色大叫大嚷，也不允许像小丑一样挤眉弄眼。在饮食习惯上，不允许不吃青菜，吃青菜是一条没有商量余地的规则。这些管教的重点在于培养孩子的尊重意识、良好的行为习惯以及健康的饮食观念。

另外，有些所谓的“不良”习惯，我们也及时制止，但我现在怀疑这些习惯是否真的算“不良”。我们家养过宠物狗，女儿很喜欢它，小狗喜欢用鼻子发出“吭吭——”类似打喷嚏的声音。她很快学会了，经常在说话时用鼻子发出“吭吭——”声。我们花了很久才让她改掉这个习惯。不过，想到我小时候学结巴，或者《城南旧事》里英子学骆驼咀嚼，我开始不确定这类管教是否真的有必要。或许，这些行为只是孩子天真模仿的一部分，未必需要过于严厉的干预。

至于学习、阅读和性格等方面，必要的管教自然是不可或缺的。如何进行管教？父母通过无声的影响和引导，或者在餐桌上进行看似无心实则有意的聊天，都是很好的管教方式，不必非要正襟危坐或义正词严。

管教的目的是实现孩子的自我管教。例如，在对待考试的问题上，我们曾多次与孩子讨论，考试并不是为了区分你我之间的高低，考试分数并不重要，重要的是考试所揭示的薄弱点和容易被忽视的陷阱。

在澳大利亚，女儿做测试卷时，我让她自己在图书馆找个位置，在规定的时间内完成测试。有一次，我问女儿：“你知道这些题目后面有答案吗？”女儿回答：“我知道。”我说：“那你为什么不看看答案呢？”女儿回答：“看答案不好玩。考试就是考试，看答案有什么用？”这让我感到，我们对她学习方面的管教已经内化为她的自觉行动。

智力成长与心理成长的平衡

孩子成长包括智力成长和心理成长两部分。当教育天平过度偏向智力成长时，心理成长势必成为短板。然而，智力成长与心理成长的失衡只会伤害孩子。

心理成长包括性格、情感等因素。我们家固然重视孩子性格的培养，但在情感方面做得远远不够。这里详细叙述，希望父母们引以为戒。

一、童年情感忽视

我们女儿的童年情感忽视体验发生在英国。当时，她妈妈在牛津和伦敦两地之间奔波，所以更多时间是由我陪伴她。那时我在伦敦经济学院求学，压力颇大。孩子三岁多，不像在国内时有老人围绕、有小区朋友相伴，因此情感上更加依赖我们。我能陪她玩一会儿，但时而哄她自己玩玩具或看绘本。

孩子小，睡得早，通常我给她洗完澡就准备让她睡觉。孩子那时还和我们一起睡，我常常陪她睡一会儿，等她睡着后再起来看书。后来，随着课业加重，我的压力增大，她跑到书房闹着要我陪睡时，我对她发了火。女儿可怜兮兮地独自去隔壁卧室睡觉了。等她睡熟后，我蹑手蹑脚地过去看她，她像小狗一样蜷缩着，被子没盖好，还说着梦话。我陡然泪水盈眶，一边帮孩子盖好被子，一边问自己到底在追求什么。总之，我的心里充满了矛盾和难过。

之后在就寝时间，我多次表现出不耐烦或冷漠，女儿从此“自觉”地先睡，不再来打扰我。看着她慢腾腾的样子，我反而希望她再来闹着要我陪睡，我知道这是因为自己对她有歉疚感。但一想到繁重的学业，我就硬下心来，把到嘴边的话又咽回去，仿佛有着“大义灭亲”“挥泪斩马谡”的高尚与伟大。如今，孩子三岁时的情感需求没有得到回应和满足成了我无法弥补的遗憾。

当然，对于孩子，尤其是童年的孩子来说，父母就是他们的整个世界，孩子很难放弃对父母的依赖。回国后，我们夫妻转行，非常忙碌。回国第一周，我们没带孩子出门，也没做顿好吃的。幸运的是，我姐姐夫妻二人及时赶来，帮忙带了大半年孩子。

孩子当时最喜欢“神秘树屋”玩具，她知道姑姑姑父不懂英语故事，所以总爱找我们玩。每次我们答应陪她玩，她都会特别开心，叽叽喳喳地说个不停。但后来我们不能经常满足她的愿望，她便渐渐开始一个人摆弄玩具，自己讲故事给自己听。

多次情感需求未得到回应后，孩子慢慢明白了，父母在情感支持上是靠不住的。结果，她一方面压抑了自己的内心需求，另一方面也越来越少向父母寻求情感支持。最明显的例子是，孩子十岁时，左胳膊弯处长了湿疹，有铜钱那么大，却一直没有告诉我们。直到后来偶然被我们发现时，湿疹已经蔓延开来，治疗了一年之久。

孩子上高一时，有一次我开车送她上学。等红灯时，她突然抱怨："哪有高中生做研究的？"她当时跟着老师做科研遇到了瓶颈。我没有领会到她的情感需求，只想着给她出主意，找科研的出路。女儿后来说，那时她其实是希望获得情感支持，希望与我有情感共鸣。

得益于最近与孩子的交流，我们才知道，我们这样做会造成"童年情感忽视"现象，其负面影响不容小觑。它会让孩子长大后不愿表达心意，难以识别和处理感受，不想寻求情感帮助。

我们本以为自己在保持孩子智力和心理成长平衡方面做得不错，没想到孩子"一语点醒梦中人"。这促使我们反思在情感回应上为何如此不足。

我们夫妻俩虽有反思意识，但对原生家庭影响的清算不够彻底。我们自己也有童年情感被忽视的经历，从而将情感忽视内化，没意识到这是个问题。我们童年接受的家庭教育强调性格，如正派、善良、坚强、努力等。提到孩子的感受，我们父母肯定会一脸惊讶地问："小孩有感受吗？"或者无所谓地说："小孩的感受重要吗？哭一哭就好了，就过去了。"在这种环境中长大，此类有关感受的意识和观念已经潜藏在思想底层。就像前面说的孩子尿裤子的事，我小时候尿裤子就被打，所以我也这么对孩子。看来在孩子的教育中，清算原生家庭的影响并不容易。而自我清算不彻底，又容易将自己年少时的伤痛复制到孩子身上，我们家可能就是这样。

那么，我们为何要重视童年情感被忽视的现象？这取决于情感在孩子心智成长中的基础性地位。

二、要重视孩子的童年情感

就童年心智成长而言，它可分为知识、性格、情感三方面。这三方面的重要性并不同：情感处于心智底层，最重要；性格居中，其次；知识在最高层，相对最不重要。所以，让孩子很小就背唐诗意义不大，因为唐诗任何年纪都能背，它属于知识层面，在童年心智成长中并不是最关键的。而且至今没有证据表明，早背唐诗的孩子更聪明或学习成绩更好。

相对而言，性格、情感层面就不同。性格从小见大，"六岁看六十岁"，所谓江山易改，本性难移。但性格受谁影响和塑造？很大程度上是家庭和父母。不过，这种影响和塑造靠熏染而非批评打骂，靠身教而非言传。至于情感，孩子一来到世界就应该得到呵护。但很多家庭像我们家一样，恰恰最容易忽视这方面。孩子小时候哭，我生气时会顺口说老家的口头禅："再哭，再哭把你扔下去。"结果孩子哭得更厉害。这不仅没有恰当回应孩子的情感，还变相制造恐惧。在孩子眼里，父母无戏言，父母之命如同圣旨。在孩子情感培育方面，我们要检讨的太多了。

与智力成长相比，我们一开始更在意孩子的性格，如坚强、独立。但对性格的过度强调，以压抑孩子的情感为前提。例如，坚强就是在哪里跌倒就从哪里爬起来，独立就是遇事不求人。结果，这客观上造成孩子的情感压抑和自我消化。不是说坚强、独立等性格培养不对，而是培养过程中忽视了情感，没能帮助孩子识别和表达自我感受。

例如孩子跌倒大哭。父母可以先告诉孩子："哎哟，宝宝摔疼了，很难受。"这是帮助孩子识别感受——疼、难受，也是鼓励孩子表达感受。反之，如果只是轻描淡写地说"没关系，自己爬起来"，就直接过渡到处理感受，压抑了对感受的识别和表达，让孩子慢慢觉得自己的感受不重要，应被忽略。要是勒令孩子"不许哭"，或教孩子迁怒于让其跌倒的事物，更是不当的情感教育。前者暗示表达感受是羞耻的，后者教唆孩子以牙还牙地处理感受。

再如孩子生气打人。父母可以先与孩子沟通，"我知道你因为这件事很生气，很伤心"，甚至抱抱孩子。这能帮助孩子辨识感受——生气，支持孩子表达感受。等孩子平静下来，再告诉孩子可以生气，但不可以打人。也就是让孩子明白，他表达感受是正确的，但处理感受的方式是错误的。

如果孩子突然打电话来说"不想上学"，父母不能对孩子的感受置之不理。一般来说，孩子不会轻易向父母表达"不想上学"的感受。因为在中国文化中，不想上学的孩子常被归类为不好甚至坏孩子。所以，当孩子直接表达这种感受时，多半是因为他们压力太大或压抑太久，这不仅是在向父母寻求理解，更是在求救。父母不应指责或忽视，而应警觉起来。可以先稳住孩子的情绪，然后耐心询问孩子是否在学校遇到了什么事情。

有一个孩子在学校被霸凌，回家告诉父母，父母却反问：“他们怎么没欺负别人，只欺负你？”孩子在日记里写道：“我简直内心凉了半截。此后发生任何事，我都没再跟父母说过。”

我一直不认同所谓的“叛逆”说法。叛逆不如说是孩子对父母失望乃至绝望的表现，是父母不体察孩子感受、不愿直面和反思、自欺欺人的借口。它也是孩子情感长期被忽视、自我长期被压抑后的爆发和反弹，是孩子在情感被忽视、自我压抑到达临界点后的一种情感自救方式。

谈及情感，必然涉及对孩子的爱。乍一看，父母哪有不爱孩子的？但“爱”是抽象概念，父母和孩子对“爱”的理解未必相同。我们对孩子的爱是无条件的吗？我们是否爱孩子的“身”胜过爱孩子的“心”？我们往往是以自己理解的方式爱孩子，而非以孩子期望的方式爱孩子。

另外，情感回应与溺爱不同。溺爱是无原则、不受规则约束的爱，对孩子百依百顺、全盘接受。父母像孩子情感的大容器，孩子只往里装东西，怎么做都对，孩子没从父母处获得反馈，这是另一种情感不回应。而且溺爱压抑了父母因孩子无法无天而焦虑或痛苦的感受，实质是对孩子教育中的另一种情感忽视，让孩子不懂父母或他人的爱也需要回应。父母应在回应孩子情感后，跟孩子讲清楚遵守规则的必要性。例如：“你在学校输球了，肯定很难受。但晚饭还是要吃，钢琴还是要弹。”

总之，心理包括情感和性格，是人的内核，解决的是内在的问题，是立身之本。如果内核不稳定，那么整个人就像即将倒塌的大厦。智力则是人的护身符，解决的是外在的问题，是立业之本。即使智力有限，只要内核稳定，人也能自得其乐。

为了保持孩子心理成长和智力成长的平衡，我们需要正确处理知识、性格和情感三者之间的关系。情感是基础，性格是中坚，知识是末梢；三者并行不悖、依次递进，才能相辅相成。具体来说，对孩子无条件的爱是底色，情感回应应在孩子表达感受的当下发生，性格塑造则依赖于日常的言传身教，智力成长则与学校教育相辅相成。然而，在现实中，情感常常被父母忽视，紧随其后的是性格的培养。这种失衡的教育方式容易导致孩子在智力上成为巨人，而在性格上如同婴儿，在情感上如同侏儒。这种情况下，孩子的健康成长和心智解放从何谈起？

穷养与富养的平衡

俗话说，穷养儿、富养女。这话有一定道理，但关键在于如何实施穷养与富养。如果一味在物质上穷养男孩，男孩以后可能会有强烈的匮乏感，甚至产生不满足感和对物欲的贪婪感。同样地，如果一味在物质上富养女孩，女孩可能会变得贪慕虚荣，只知追求物质享受。因此，对男孩和女孩，我们最好在穷养和富养之间寻求平衡，我称之为“大消费的穷养”与“小消费的富养”之间的平衡。

孩子们并没有那么强烈的大消费概念，他们更多是直接感受日常的小消费。在这些小消费上，我们家尽量满足孩子。小孩子的消费比大人简单得多。我们女儿最多的消费就是图书。她上幼儿园时向往*Mulan*，后来在书城迷上了Rainbow Fairy系列，还一度着迷于公主系列玩具，这些基本得到了满足。日常中，她想学尤克里里，我们就给她准备；她想学钢琴，我们就找老师；她想学网球，我们就找教练。总之，在这些方面，我们都很慷慨大方。

圣诞节也是年度小消费的日子之一。她小时候，每年圣诞前我们都会精心准备，扮演从烟囱掉进女儿梦乡的圣诞老人。一盒巧克力、一本书、一双袜子、一个玩具、一条围巾等，总会给她带来惊喜。后来，同伴告诉女儿，没有圣诞老人，圣诞老人就是爸爸妈妈。她不信，又来问我，我说我觉得有圣诞老人。就这样，她继续对圣诞节充满想象和盼望，虽然有些怀疑。

上小学后，有一年她说圣诞老人不懂她的心。我们建议她在圣诞节前给圣诞老人写一个愿望清单，然后我们会“寄”给他。从那以后，孩子每年圣诞前都会写愿望清单，并且每次都能开心地收到满意的礼物，而“圣诞老人”也长长地松了口气，不用再为挑选礼物而绞尽脑汁。

到了四年级，女儿说班上过圣诞节的同学很少了，甚至有的父母明确拒绝过圣诞节，但我们仍然继续给她过。圣诞节那天，她睡眼惺忪地开门，看到门前放着一个方方正正的小纸箱，上面“当当网”三个字没来得及撕掉。她大叫：“我知道啦，肯定不是圣诞老人，圣诞老人怎么会用当当网呢？”从此，她解开了圣诞老人之谜，但圣诞节的美好体验和感受仍然留在了她心中，我们也继续按照她的愿望清单送礼物。

我们还常带孩子旅游，且很少计较花销。旅游本就是为了暂时逃离现实，加上带着孩子，我们从不穷游，也不追求到此一游。例如到亚龙湾，我们就待在酒店里享受假期，孩子也能尽兴。带孩子去澳大利亚时，我们住在小镇中心。一室一厅房租450澳元一周，一个月约1万元人民币。但那里环境优美、生活方便，学校、图书馆、超市都很近。

这样，孩子从没有缺钱或节衣缩食的感觉。实际上，小消费充分满足孩子后，孩子对物质的欲望反而没那么强烈了。

孩子生活与大人生活的平衡

孩子出生对家庭影响很大，打破二人世界，形成三角关系，将家庭生活一分为二。孩子生命由我们赋予，但孩子一出生就是独立个体，其个人世界开始运转，且这个运转过程就是逐步独立、远离我们的过程。也许我们难以接受这个事实以至于不舍，但必须放下这种不舍。就像《触詟说赵太后》里赵太后必须放下对女儿出嫁和儿子做人质的不舍一样，“为之计深远”。

放下不舍、计之深远的策略之一是，保持孩子生活与大人生活的平衡。但是，在当今社会，二者失衡的现象可能更普遍，而且不是家长关注孩子不足，而是家长对孩子过度关注，甚至让孩子的生活主宰了大人的生活。

当孩子生活主宰大人生活时，会使大人生活持续紧张，不仅自己累，家人也累，不利于孩子成长，这种环境反而不利于孩子的健康成长。

首先，过度关注孩子，容易培养孩子自我中心观。这会使得他们往往眼里没有他人，只有自己。为此，我们提醒孩子：“你是宝，别的孩子也是宝。你在家里是中心，别的孩子在家里也是中心。等你们出去了，都以为还是跟在家里一样是中心，那怎么相处？”换言之，防止孩子过度以自我为中心，须从家庭教育开始。实际上，以自我为中心的孩子难以站在他人角度想问题，缺乏同理心。美食来了，孩子先吃；困难来了，孩子先走。我们在类似场合告诉她：“好吃的来了，每个人都想吃，那大家都尝一口。困难来了，每个人都想跑，困难还是困难，那不如大家都分担一点点。就是将心比心，推己及人。”渐渐地，例如在布里斯班的干燥环境下，孩子也能督促我用润肤膏涂抹因做家务而皴裂的手指。

其次，过度关注孩子，失去自我的生活，不仅自己累，家人也累，孩子更累。我母亲就是过度关注孩子的典型，爱夫爱子爱邻里，唯独不爱自己。等我成人，她整天催我找对象，担心我年龄大了结不了婚成不了家。我当时在心里发誓：什么也别想把我拴在这片土地上。母亲的过度关注给我内心带来沉重负担，我甚至梦到她一边磨刀还一边说我。我大哭道：“不想活了，杀了我吧！”然后哭醒。一方面我因跟母亲怄气而内疚，因为她本意是为我好；另一方面我又不甘违背内心，过自己不想要的生活。这种内心的冲突和疲倦多年来撕扯着我。有着前车之鉴，尽管孩子小，我也想借此提醒自己：少关注孩子一些，别让爱成为孩子的负担，让孩子过自己的生活。孩子有孩子的生活，父母有父母的生活，我们和孩子本就是两个世界的人。

最后，过度关注孩子生活，等于给孩子创造无菌的真空环境。正如哈佛大学儿童心理学者丹·肯德隆所说：“如果孩子不曾体验过痛苦的感觉，就无法发展‘心理上的免疫力’。这就像身体免疫系统发育的过程，你得让孩子接触病原体，不然身体不知如何应对进攻。孩子也需要接触挫折、失败和挣扎。”[①] 所以，过度关注营造的“真空环境”对孩子有害，等情绪或事业挫折来袭时，孩子会措手不及，垂头丧气。换言之，在“真空环境”长大的孩子抗风险和压力的能力差。况且父母不能管孩子一生，孩子终究要离家闯荡。因此，肯德隆认为，我们过度关注和介入孩子的生活，看似无私，为了孩子幸福，实际上是自私，为了自己高兴。

生与死观念上的平衡

孩子难免接触到轻生方面的新闻，每次我们都会引导孩子认识到生命结束令人遗憾，生命只有一次。没有生命就没有一切可能，拥有生命就总有可能改变。进而延伸，让她知道每个生命都宝贵且独一无二，像尊重自己的生命一样尊重他人的生命，这是人性的基础。

谈到生命时，女儿几次问：“既然生命一样宝贵，为什么我们要杀鸡、杀牛、杀羊、杀鱼？”这就成了我们阐释“食物链”的时机，虫子吃草，蜘蛛吃虫子，鸟吃蜘蛛，老鹰吃鸟。女儿马上想到她喜欢的电影《狮子王》里Mufasa对Simba说的“生命是个循环”，以及那首百听不厌的主题曲《生命的循环》。

生命是循环，还有另一层意思，生生死死无穷尽，有生就有死，有死就有生，生死循环，代代不息。放在庄子宏大的宇宙观下看更清

① 转引自Lori Gottlieb写的文章——为什么完美的童年，反而会剥夺孩子成年后的幸福感？https://mp. weixin. qq. com/s/xX9U6NpOMlidVlB9lRbR7w.

楚。于是，我们结合庄生化蝶的寓言和她背过的李商隐的《锦瑟》中的“庄生晓梦迷蝴蝶，望帝春心托杜鹃”诗句，以及庄子“等生死，齐万物”的概念和朱光潜《给青年的十二封信》中的名言来解释：

比方生死，这又是多么简单的事，无量数人和无量数物都已生过来死过去了。一个小虫让车轮压死了，或者一朵鲜花让狂风吹落了，在虫和花自己都决不值得计较或留恋，而在人类则生老病死以后偏要加上一个苦字。这无非是因为人们希望造物真宰待他们自己应该比草木虫鱼特别优厚。[①]

人生最大的问题莫过于生死。让孩子早点接触和启蒙生死问题不是坏事。

在“死”的背景下看，“生”其实很短暂，这反而让我们更有珍惜生命的理由。我们给孩子讲解《论语》中“子在川上曰，逝者如斯夫”的深意，以及庄子所说的“人生天地之间，若白驹之过隙，忽然而已”。我们还让她想象，要是人老了都不死，世界会变得多可怕，还有地方站、有地方住吗？爷爷奶奶等年老者去世，新生命又来到世间。这不是说孩子出生导致爷爷奶奶去世，而是说明生命来来去去、循环不息的自然过程。

这样就自然引出我们最想讲的话题，爸爸妈妈也注定会死亡，不能陪孩子一辈子。面对这个自然过程，我们虽会伤心，但要自然面对。独立、坚强的生活能力得从小培养，否则孩子读大学了，还把爸爸妈妈装口袋里吗？

---

① 朱光潜. 给青年的十二封信[M]. 上海：开明书店，1929：88.

记得母亲去世前，我握住她无力的手紧贴在脸上，但到底没能留住她。我的家散了，“无父何怙，无母何恃”。我当时刚满20岁，宛若被陡然抛掷到茫茫荒野。后来，我花了大约两年时间，靠读书、写日记、逢年过节到姐姐们家游荡，才走出来。

那这一代独生子女呢？等爸爸妈妈去世，他们怎么办？会不会连个说心里话的人都难寻？无论如何，我当时面对的尚且是现实血缘关系的相对孤独，而他们将面对的是绝对孤独。他们固然可以通过友情、爱情来弥补，但这二者到底是可遇不可求，还是迥异于那流淌在血液里的亲情。那么，他们将习惯于长期自我对话吗？在一个手机不离手、新媒体不离口的浮躁时代，他们将从哪里汲取直面人生的勇气和力量？所以，我们和孩子闲聊时从不回避死亡话题。

我们希望她从小就认识到，“生活自身就是方法，生活自身也就是目的”[①]。生命的意义就在于过程，遍布丑恶，但也充满美好。那就学着看生命瓶子里那有水的一半吧，掌控生命中我们能够掌控的部分。

① 朱光潜. 给青年的十二封信[M]. 上海：开明书店，1929：89.

附录

致女儿的十岁

亲爱的女儿：

今天，是你十岁的生日。你也许尚无法理解十岁所包含的丰富含义，但十岁的确是一个人生里程碑。十年前的那个夜晚，爸爸睡眼惺忪地抱起你和妈妈，冲向医院，从此我们就成了你的父母；再十年前，爸爸妈妈分别独自一人，远走他乡求学，极目四望，不知道家在哪里，路在何方。

那么，于你呢？十年宛若弹指一挥间，你就从那样一个小肉团长成了如今这么一位精灵般的小姑娘。十年，于你，一切都宛若自然而然，但你哪里知道，你带给爸爸妈妈那么多的欢乐与记忆。你小时候洗澡，外婆像拎只青蛙一样地握住你的双脚，然后一个倒提；你在草坪上抬手、举足，跟妈妈练瑜伽；爸爸的肩膀俨然你小时候的床，左肩睡累了，爸爸抱着你一抖，你的头就自然地换到了右边。你跟着爸爸妈妈远赴英伦，在爸爸妈妈的同学来聚会时，你捧着*Cinderella*的书“读”给他们听，其实你哪里认识一个字？都是听爸爸妈妈讲的；小学报到的第一天，你拉着爸爸的手说：“爸爸，我今天开始是个小人了吧！”原来你一直记着爸爸的玩笑，说你是个小动物。跟妈妈去澳大利亚，你在妈妈生病的时候学着给妈妈做早饭，每天与妈妈坐巴士穿梭于学校和公寓之间；四年级了，你突发奇想，一个人办起了一份单张A4的班级小报。总之，你的存在让爸爸妈妈惊叹于生命的神奇及其无尽的魅力，身体的成长倒在其次，意识的丰富尤为惊艳。你的成长固然有爸爸妈妈所付出的如许艰辛在其中，但目视你就这样生动、逼真地拔节、抽条，还有什么样的劳作不值得为你付出呢，孩子？

更重要的是，十年与你相伴，爸爸妈妈也一直在思考与追求着：我们究竟该怎么做父亲母亲？也因此，这十年里，不仅仅是你在成长，爸爸妈妈也在成长。

爸爸妈妈首先想告诉你，我们一直为这十年里做过的几件事而感到内疚。你一岁的时候，我们没有陪在你身边，因此你的一岁在我们的记忆中大半是空白的；在英国的时候，爸爸妈妈因为学业负担而无法答应你想我们陪着你多玩、陪着你早睡的请求；刚改行的时候，爸爸妈妈因为忙于工作或学业，只好让你一个星期足不出户，一个人玩。哦，孩子，我们对你感到歉疚的事情还挺多。只是，生命的过程都是一次性的，爸爸妈妈已经没有机会再改正曾经在这些事情上的不当做法了，只能寄希望于以后对你更好。

孩子，总体而言，爸爸妈妈对你的管教还是严格的，我们爱你，但不愿溺爱你。不过爸爸妈妈恪守一个原则，即更多约束你的习惯、举止、修养方面，但给你的思想以绝对自由。当然，我们也经常反躬自省，在管与不管之间的这种分寸是否拿捏得当。其实，你的第一个十年，爸爸妈妈最在意的是你的健全人格的培养，尤其是要有毅力，愈挫愈勇。所以，孩子，你大致应该了解，为什么爸爸妈妈反复跟你讲，失败未必是坏事，失败更多造就你未来面对挫折的心态与经验；而动不动就垂头丧气、自暴自弃的话，这与其说是自我要求严格，不如说是逃避困难与挑战的借口而已。孩子，你还小，父母的庇护像一把大伞罩着你，但你终究是要自打伞、自划船的。想想你爸爸妈妈，都曾经凭着毅力，从那样的泥泞之地独自打拼出来，走到今天。当然，你以后的条件肯定比我们更好，但爸爸妈妈这种自强不息的精神还是希望你能承继下去。

你从《走遍美国》中习得的“work hard, play hard”，爸爸妈妈非常认同。是的，孩子，你这个年纪就是要study hard, play hard。

Study hard是为了让自己变得有力量，有智慧，更独立。也正因此，爸爸妈妈无法放松你的学习，而且你在这个年纪，学什么都像在画两边夹一角，以后都是沿着角的两边而产生放射性的放大效应的。不过要注意，你们的课本给你们的阅读量和知识量都十分有限，所以，爸爸妈妈希望你一直保持着课本和课外书并重的习惯，甚至后者更必要。为此，多读那些优秀的书，尤其那些经历过时间沉淀的名篇名著；少读流行的书，不读老师狠狠批评过的“阿衰”一类的书。还要注意多涉及各学科门类，例如，历史、地理、天文、气象、生物。总之，你年龄小嘛，打基础的阶段，广泛地去阅读，去打下各种各样的基础，以方便你下一个十年在这地基上建各式各样你理想中的高楼大厦，去欣赏各种各样的风景与精彩。但是，孩子，你要养成写读书笔记的习惯，“学而不思则罔，思而不学则殆”，你是熟悉的。所以，能答应爸爸吗，孩子？从十岁起，养成读书便动笔的习惯。

同时，你需要中英文兼顾。你既要打开中文的门，也要打开英文的窗。另外，你这么小，不要动辄以成绩论英雄，成绩算什么？成绩不过是对你过去的总结而已，根本代表不了未来。例如，你的数学思维很好、反应快，数学根本不是你的弱项。如果你这么小就动不动给自己这个领域那个领域贴上“弱”的标签的话，那么，它只会真的弱下去，而实际上你本可以在上面建筑高楼大厦，岂不可惜？

当然，play hard同样重要。甚至人这一辈子就是为了play呢，只不过各种各样的play而已，play music, play tennis, play jokes, play cards, play games。Play是人的天性与本性，不play而活着会多无趣与无聊呀；爸爸妈妈甚至觉得，一个好的社会就是让每个人都能最大限度地、开心地play呢。因此，孩子，你就尽情地去玩、全身心地去玩，尽可能高水平地去玩吧，玩一切你此时此地喜欢的东西。当然，玩与学一样，要想玩得水平高、玩得尽兴，同样要专注、毅力与热情，要持之以恒和不轻言放弃。这也就是我们常跟你说的“道一也”。宁妈妈之所以糕点做得那么好，不就是因为她对做糕点投入了大量的兴趣、热情、时间与努力吗？还有你的朋友孟同学，你看她一坐上琴凳，就像换了个人一样，充满着音乐性，手像会说话一样在琴键上或高唱或低吟，她说她就是觉得钢琴好玩。而且，如同学习，玩的快乐在于过程而不是结果，结果并不重要。你说过，宁妈妈做点心还得了个微波炉为奖品，但是，微波炉真是阿姨在乎的吗？肯定不是，阿姨在乎的是做糕点的过程，在乎的是这过程中的快乐与享受。孟同学也一样，她参加过各式钢琴比赛，都拿了第一吗？不是。那么，比赛的结果有没有影响她在弹琴中所获得的乐趣呢？没有。否则，她今天肯定就不弹了。

孩子，爸爸妈妈至今清晰地记得我们刚成为你父母的那个夜晚。妈妈在候产床上疼得双眉紧锁、双拳紧握，上气不接下气地深呼吸。后来，妈妈被推进了产房，爸爸被挡在了产房的门外。再后来，你一声啼哭，平安降临。无论是产房里的妈妈还是产房外的爸爸，都有些木木地，半天反应不过来，不住地扪心自问：就这样当上父母啦？为此，我们这十年里没少关注如何做父母的文字以及书籍。其中，影响我们最大的还是那篇《我们能陪伴孩子多少年？》

和那本同样强调陪伴孩子的名为《六A的力量》的书。是呀，孩子一晃就大了，有什么比陪伴孩子成长更重要的呢？

更何况上帝把你这么一块洁白无瑕的玉石置于爸爸妈妈面前，爸爸妈妈有什么理由不珍惜、不呵护、不好好陪伴与打磨呢？不好的文章可以再改写，错过的升迁可以再努力，散了的钱财可以再去挣，但孩子，你的成长过程却是不可逆和不可重复的。也正因此，与你相比，所有的功名利禄对爸爸妈妈来说都一文不值，可以无条件地在任何时刻放下。为此，我们尽量减少出差，晚上绝少出去吃饭、应酬；在你一岁之后，爸爸妈妈再也没有让你离开过身边，连到国外开会，我们都带着你。孩子，即使给你金山银山，也不如陪你到高三。所以，也不知道从什么时候起，我们让餐桌成为我们的家庭教育场所。在这里，爸爸妈妈得悉你一天中的快乐与烦恼，分享你的心情故事；在这里，爸爸妈妈为你释疑解惑；在这里，我们海阔天空，或天文，或地理，或爸爸妈妈的童年；在这里，你知道了“二战”、纳粹、夹边沟，你认识了老子、庄子、苏轼、李煜、李清照。

不过，孩子，现在的陪伴是为了将来的不陪伴。爸爸妈妈现在看你的时候，头脑里都会出现扑腾翅膀的小鸟；爸爸妈妈现在将你捧在手心，但你也正一步步地离开我们的手心，迟早要翱翔于外面那广阔无垠的世界。所以，你即将开始的近半个月的青少年暑期夏令营，尽管爸爸妈妈有些放心不下，但还是坚定地支持你独自出门。陪伴，是为了让你的翅膀硬朗些、再硬朗些；不陪伴，一方面是生命的必然，另一方面是对你高飞的信心。从这个意义上来说，今天的陪伴正是为了以后的不陪伴。所以，你的生日愿望——“我希望爸爸妈妈陪我到大学”真的太对了。到大学，你就十八岁了，你就成人了，你确实该高飞，爸爸妈妈也充分相信你能够高飞。

今天你十岁了，孩子，爸爸妈妈为你高兴。但你一定要记住，你这十年的成长与很多人对你的教育、培养与帮助是分不开的，例如，严老师、孙老师、外公、外婆、姑姑、姑父。对他们，你要常怀感激之心。你以后也要学他们，做一个仁爱的人。

还有陪伴你的朋友们。在学校，你有“春暖花开”四人组合；在小区，你有“铁杆三陈”，尤其是心怡，你们俩基本上是每日一聚，业已成为小区游乐场上年龄最大的一对伙伴了。孩子，年龄越小的交往越纯粹，爸爸妈妈希望你们由儿时玩伴继而成为一生的朋友。

孩子，你今天可能无法理解十年对于一个人的分水岭的意义。但爸爸妈妈真的很为这个日子而感动。爸爸妈妈十岁的时候的确如你现在一样没有感觉，但后来的每一个十年都令我们感慨万千，悲欢离合，酸甜苦辣，一路走来，冷暖自知。如今，孩子，你度过了人生第一个十年，站到了第二个十年的起点上。爸爸妈妈特别好奇，你又将演绎什么新的成长故事，品尝什么新的人生况味。总之，你的每一天都是新的，都带给爸爸妈妈新的感受，你的未来也成了我们最大好奇心指向的地方。

不过，孩子，这个世界还不完美，还有很多你的同龄人因为战争而无家可归，因为贫穷而食不果腹，因为疾病而饱受折磨。为此，你不能忘记这个世界上仍然存在战争、贫穷、疾病与苦难，并从小就要立志将来为减少这些同龄人的不幸而做些事情，成为对这个社会对这个世界有益的人。这也是爸爸妈妈对你最大的期望。

孩子，纵然千言万语也道不尽爸爸妈妈对你的叮咛与嘱咐。从这个意义上说，这封信与其说是爸爸妈妈与你的交流，不如说是对今天这个特殊日子的纪念。好在你的下一个十年里，我们还有很多时间在同一屋檐下，那么，就把更多的话语留待饭桌上讲给你听吧。

爱你，孩子。

爸爸妈妈

解放童年

换种思路做父母

结语

把童年教育从功利模式中解放出来

解放童年，首要的是把童年从功利教育观中解放出来。

功利教育观以功利为目的，教育为手段。当功利观支配教育时，教育会变得教条、乏味，变得本末倒置、事与愿违。

解放教育观是相对于功利教育观而言的，是让教育回到本身，回到其原初目的上来，即培养心智健全的人。解放教育观既是对功利教育观的解放，也是对心智的解放。

对功利教育观和解放教育观，不宜以非黑即白的思路来看待。二者并非水火不相容。我们要在功利和解放之间、成功与成长之间寻求平衡。

解放童年是个系统性工程。

“不要让孩子输在起跑线上。”其暗含的前提是，孩子教育的目的在于争输赢，仿佛童年就是一场赛跑。

“要想成功，必先发疯；今日疯狂，明日辉煌。”此观念潜在的前提是，孩子教育的目标是成功、辉煌，并且手段可以无所不用其极，哪怕“疯狂”也在所不惜。

这些皆是当代颇为流行的教育观念。不妨再看看古代的教育观：“书中自有颜如玉，书中自有黄金屋。”其隐含之意为，读书旨在娶美娇娘、发家致富。“十年寒窗无人问，一举成名天下闻。”这背后的假设是，读书是为了功成名就。

以上种种，皆为功利性的教育观念。解放童年，首要任务便是将童年教育从这种功利性的教育观念中解救出来。

什么是功利教育观

教育的本质实则很单纯，即培养人，塑造心智健全的个体。教育的意义与价值体现在教育过程之中——培养本身。

功利教育观却以功利为目的，以结果为导向，致使教育沦为手段与工具。在这种观念下，教育是否存在意义和价值取决于功利的实现与否。倘若未能达成预期的功利目标，教育便被视作毫无意义与价值。前面所引用的流行语便是有力的例证。若在起跑线上失利，童年教育便宣告失败，变得毫无意义；若未能“一举成名”，“十年寒窗”便付诸东流，也失去了意义。

功利是以外部标准为参照来衡量的，属于外在动机。例如，输赢、成败、功成名就、身败名裂、光宗耀祖、辱没门庭等，这些本就是依托并迎合着外界的功利标准。在这种标准的引导下，孩子并非作为独立个体而存在，而是作为力求符合外在标准的生物体而存在。孩子在被父母与其他孩子比较并被贴上成败标签的过程中成长，父母对孩子的爱往往是有条件的；换言之，父母爱的并非孩子本身，而是外在标准，是功利。

将功利作为教育的目的，那么正常的学校教育就仅仅是实现这一目的的一种手段。在这种观念下，采用不良手段，如作弊、抄袭、冒名顶替、请他人为孩子写论文、将自己的研究成果让孩子挂名申请专利等，以实现功利目的，也就不足为奇了。

当功利观主导教育时，教育会变得僵化、乏味，本末倒置、事与愿违，“非读圣贤书，读试场题目”①。教育沦为标准答案的灌输，甚至作文都有模板可循，字体也被要求朝着标准的衡水体方向练习。标准答案又与死记硬背紧密相连。孩子年幼时，便被要求背唐诗；稍大些，就教认字。入学后，连数学学习也省略了跟随老师享受推导过程的思维乐趣，直接走“捷径”，死记硬背数学公式。这种死记硬背标准答案的做法，导致教育“终沦为富贵本子、试场题目、利禄之具而已”②。虽然这有助于在考场上获取高分，但它的背后是不求甚解。不求甚解是一种好的学习品质吗？肯定不是。而且，死记硬背久而久之会削弱孩子的好奇心，降低孩子自我探索的热情，违背孩子的自由天性，使孩子逐渐失去学习的乐趣和动力。

---

① 陈澧语，转引自钱锺书. 钱锺书集：谈艺录[M]. 北京：三联书店，2019：91.

② 钱锺书. 钱锺书集：谈艺录[M]. 北京：三联书店，2019：91.

功利教育观的极端表现便是“虎爸虎妈”，他们对孩子，轻者大声呵斥，重者拳脚相加。无论“虎爸虎妈”培养出的孩子从世俗意义上看多么成功，都无须羡慕，因为孩子所付出的与其年龄不相称的代价，只有孩子自己能够体会。这代价是什么？孩子作为独立个体所拥有的内心感受和真实需求被长期忽视、压抑甚至扭曲。“这种教育经常让我们质疑（自己），我们所体验的（内心）感受和需求是不是（因为不符合外在标准而）错了。我们从小就学着将自我跟自己的内心隔绝开来”[①]，罗森博格博士将其称为“生命的异化”（life-alienating）。

在这样的家庭教育环境中成长起来的孩子，其人格方面的缺陷和所受的伤害，或许终其一生都难以弥补和修复。因此，秉持功利教育观的父母看似爱孩子，实则可能害了孩子。网上流行的一种说法“父母皆祸害”，对于某些家庭而言，或许确有一定道理。

功利教育观不妨说是父母自身的一些人格缺陷在孩子教育中的映射。例如，缺乏安全感、焦虑、好面子。正因如此，告别功利教育观说起来容易，做起来难，因为父母需要从反思自身的人格缺陷开始，从清算自己所接受的原生家庭教育着手。之所以敢这样说，是因为我便是从剖析、反思到清算，一路艰难地从功利教育观中走出来的。

更深层次来说，任何一种教育观都是由其三观（世界观、人生观、价值观）决定的。三观决定教育观，教育观决定教育方法。

① ROSENBERG M B. Nonviolent Communication: A Language of Life[M]. Encinitas: PuddleDancer Press, 2015:23.

功利教育观所折射出的三观是：人生就是一场比赛，要出人头地；世界就是一个竞争场，弱肉强食；价值在于名利，成功至上。相应地，教育在于结果，成王败寇；考试就是比武，一决雌雄；手段不论出处，不论正义与否。为此，相应的教育方法则是，规划要步步为营，考试要稳扎稳打，紧盯对手，刻意寻求捷径，讲究技巧。简言之，功利教育观所倡导的是成功思维。

什么是解放教育观

解放教育观与功利教育观相对，旨在让教育回归本位，回到最初的目的，即培养心智健全的人，助力人获得心智的成长与解放。解放教育观既是对功利教育观的挣脱，也是对心智的释放。

若教育无法获得解放，不能成为其自身，而沦为实现功利等目的的手段，便极易变质，走向其反面。教育将不是在培育人，而是在使人堕落，例如弄虚作假、投机取巧；不是在促进人的心智成长与解放，而是在使人走向心智的束缚与禁锢，例如死记硬背、单向度思维。

南北朝时期，梁武帝萧衍晚年笃信佛教，建造寺院、供奉佛像，甚至佛化治国。印度的达摩大师来到中国，梁武帝闻讯后，“亲驾车辇，迎请大师，升殿供养”[①]。然后，梁武帝问：“朕自登九五[②]以来，度人造寺，写经造像，有何功德？”达摩大师说：

① 静筠二禅师. 祖堂集：上[M]. 北京：中华书局，2007：95.

② 九五，即“九五之尊”的简称，古代指帝王的尊位。

“无功德。”为什么呢？因为梁武帝信佛行善是手段，俗世求福是目的，所以是福德，不是真功德，真功德“不以世求”[①]。

同理，真教育亦“不以世求”，而追求自身。教育是一生的过程，人应追求终身成长，一辈子保持学习状态，所谓活到老学到老，所谓毕生自修无尽期。

教育回归本位，至少有以下几个作用：

第一，教育回归本位，能让教育从考试中解放出来。考试是教育的手段，而非教育是考试的手段。对此，许多学校老师心知肚明，部分父母却未能从将教育等同于考试的执念中挣脱出来。以我们孩子就读的学校为例，校内大部分老师均如此理解教育。他们大多对考试抱持平常心，更注重知识的传授和对孩子的培养。

例如，女儿高中时的物理老师胡老师，便是一位将教育从狭隘的考试观中解放出来的典范。他并不执着于考试，而是专注于知识传授的系统性、逻辑性，注重课堂教学中的现场推演和定理证明，致力于培养孩子们探索知识的兴趣。结果，尽管我们夫妻俩都是文科生，孩子却从胡老师的课堂上领略到了物理学科的魅力，最终以理科生身份进入耶鲁大学。

要让教育从考试中解放，我们不妨以辩证的态度对待二者。教育为目的，我们用心对待；考试为手段，我们用脑应对。教育是个性化的行为，我们要以孩子的内心需求为导向；考试是模式化的

---

① 原文：“帝曰：‘何以无功德？’师曰：‘此是人天小果、有漏之因，如影随形，虽有善因，非是实相。’武帝问：‘如何是真功德？’师曰：‘净智妙圆，体自空寂，如是功德，不以世求。’武帝不了达摩所言，变容不言。”静筠二禅师. 祖堂集：上[M]. 北京：中华书局，2007：96–97.

行为，我们需遵循标准答案。既然在教育中，考试处于次要地位，我们就不妨让孩子摒弃那种过度用力的做法，保持轻松的心态和游戏的精神，从容面对考试，避免被考试压垮，从而为教育释放能量和空间。像我们孩子的英语发音带有英国和澳大利亚混合的特点，在学校口语机器考试时，个别单词的发音会被判定为“不标准”。我们便让她在考试时务必记住机器人判定的“正确”发音，而在平时，我们则让她将其抛诸脑后，照旧即可。

第二，教育回归本位，能让教育从功利中解放出来。从成功的枷锁中解放，我们才能回归教育的本质，关注孩子心智的成长，注重过程而非仅仅着眼于结果。概括而言，就是以成长思维取代成功思维。人的成长是全方位的，岂会仅仅取决于文化课成绩？性格、心理、能力、价值观等诸多方面，应齐头并进。父母在陪伴中引导，在引导中塑造孩子的三观、发现孩子的专长、发掘孩子的兴趣、感受孩子的成长。

在孩子成长方面，孩子越小，父母应越用心。孩子降临世间，如同一张空白的电脑硬盘，父母首次为其安装的程序，将成为其默认运行程序，涵盖三观、言谈举止、兴趣爱好等。这种程序安装的最佳方式并非说教，而是以身作则、耳濡目染。通过自身的示范和潜移默化的影响，为孩子的大脑输入健康的程序。随着孩子逐渐长大，父母的积极引导会逐渐转变为孩子的自觉主动，成为孩子的“默认程序”而日常运行。

“蓬生麻中，不扶而直；白沙在涅，与之俱黑。”父母善良，孩子长大后很难不善良；父母急功近利，孩子长大后很难不急功近利。父母爱读书，孩子长大后很难不爱读书；父母不爱运动，孩子长大后很难爱上运动。换言之，你期望孩子成长为何种人，自己首先努力成为那样的人。从这个意义上说，解放孩子的心智，促进孩子心智的健康成长，父母首先要解放自身。父母的成长是孩子成长的最佳榜样，也是孩子成长的最大内驱力之一。

第三，教育回归本位，能让个体从模式化中解放出来。梁漱溟说："中国文化最大之偏失，就在个人永不被发现这一点上。"[①]这句话同样适用于童年教育。父母眼中往往只有成绩，只有模式化的好孩子、好学生、好工作，却很少关注孩子作为个体所具有的感受、兴趣、存在意义和价值。教育回归本位，就是要让孩子从这种模式化教育中解放出来。首先，孩子是人，应作为人而存在，人格被尊重，情绪被关注，感受被理解，声音被倾听。其次，孩子是独立个体，不是父母的试验品，不是实现父母未竟理想的工具。孩子有自己的人生，父母有自己的人生。最重要的是，每个孩子都是独一无二的，正如世上没有两片完全相同的树叶，世上也没有两个完全相同的孩子。所以，简单复制他人的成功模式，未必能带来成功，反而可能压抑孩子的独特性。实际上，每个孩子都是天才，却常常被平庸的父母耽误，因为这些父母缺乏发现天才的眼睛。

孩子需要从模式化教育中解放出来。如何解放？帮助孩子发现自身的闪光点，探寻自己真正的兴趣所在，塑造孩子的独特性，顺应自然规律，依循孩子的天性，顺势而为，助力孩子成为他自己。像前面提到的那个自称"乱弹钢琴家"的孩子，其家长便是在对孩子进行模式化教育。看到别人的孩子弹琴，便认为自己的孩子也应

① 梁漱溟. 中国文化要义[M]. 上海：上海人民出版社，2005：221.

弹琴，全然不顾孩子对钢琴并无兴趣。还有一个孩子对美术感兴趣，且想离家远一些，高考志愿就填报了外地的美术院校。然而，孩子妈妈未经她同意，偷偷在她的高考志愿上做手脚，将她填报的美术专业改掉，只因担心她的就业前途；将外地高校改掉，只因想把她留在身边。孩子的兴趣被抑制，个性被禁锢，重新被纳入模式化的功利教育轨道。

在孩子作为个体存在这一点上，鲁迅说得好："子女是即我非我的人，但既已分立，也便是人类中的人。因为即我，所以更应该尽教育的义务，交给他们自立的能力；因为非我，所以也应同时解放，全部为他们自己所有，成一个独立的人。"①

第四，教育回归本位，能让孩子心智从桎梏中解放出来。当教育不归位，成为实现功利的手段时，教育只会框限、束缚、禁锢孩子的思维。因为这时候，答案是唯一的，孩子们只需死记硬背，知其然而不必知其所以然。但是，当教育归位，教育自身成为目的而非手段时，孩子们受天生好奇心的驱使，势必知其然而欲探求其所以然，势必导向独立性思考和批判性思维。独立性思考和批判性思维才是教育的真谛所在，才是培养人的正途，也是心智解放的不二法门。作为父母，我们要像呵护生命一样，呵护孩子的好奇心，呵护孩子的追问热情，注重孩子独立性思考和批判性思维的培养，在家庭中为孩子营造思考自由、追问自由、想象自由的环境。

处处留心皆学问，事事在意俱教育。例如，晚饭时，我们会

---

① 鲁迅. 我们现在怎样做父亲[M]//鲁迅全集：第一卷. 北京：人民文学出版社，2005：141.

就学校的人和当天发生的事，跟孩子交流；一方面倾听，另一方面尽量提供多元的看法或解释，启发孩子从小就能够从不同角度思考问题。这指向什么？独立性思考和批判性思维[①]。例如，我们也会问孩子，“三人行，必有我师”，为什么不是四人五人或者一人？“白发三千丈，缘愁似个长”，这是不是在堂而皇之地撒谎？还有旅游，父母不妨先积累一些当地历史和风土人情方面的知识，然后在旅游中和孩子分享。例如，我们带孩子游览兵马俑，就启发她一方面感受秦始皇专制的强暴，另一方面体会当时工匠们技艺的高超。出国尤其值得推荐，让孩子从小就在不同文化中穿梭，知己知彼，保持开放的心态，十分有助于独立思考能力和批判性思维能力的培养。

如同功利教育观乃父母三观的折射，解放教育观折射的也是父母的三观。相应三观大体上可以归纳为：人生就是过程，白驹过隙；世界很大，天无绝人之路；价值在于修身，成长至上。相应地，教育就是一个过程，成长的过程；不必跟别人比，就跟自己比；知之为知之，不知为不知。为此，相应的教育方法则是，培养孩子兴趣，注重三观引导，耳濡目染，以身作则，授人以渔，顺势而为。简单而言，解放教育观张扬的是成长思维。

① 这里推荐一下我写的书——《纪实写作与公共说理》，该书的终极指向就是独立性思考和批判性思维。

成功应该是成长的副产品

对于功利教育观和解放教育观，不宜以非黑即白的方式看待。可以说，二者是两个极端，现实中的童年教育大多处于二者之间。二者并非水火不容，并非有功利便无解放，或有解放便无功利。相应地，也不是有成功便无成长，或有成长便无成功。而且我们毕竟生活在现实世界，有必要在功利与解放、成功与成长之间寻求平衡。值得反思的是以功利为教育目的的观念，而非一味反对功利、拒绝成功。我们倡导以解放为教育目的的观念，但当功利、成功成为解放的副产品和伴随状态时，又何必刻意反对和拒绝呢？若如此，恐怕更多是一种做作，毕竟趋利避害是人的本性。

我们夫妻俩在孩子三岁时坚决地带孩子出国一年，因为我们认为，孩子此时处于成长的关键阶段，若放在老人身边，容易被溺爱且易被旧观念误导。在国外边学习边带孩子，固然辛苦，但为了孩子的成长，这是值得的。孩子开阔了眼界，熟悉了国外文化，后来出国便很少受到诸如文化冲击的影响，而且英语已接近母语水平。实际上，她后来英语这门课基本上一路免修，并利用免修的时间去阅读更深层次的英语读物。至少从英语考试的角度来看，这无疑是巨大的成功，可谓成长与成功两不误。

不过，有趣的是，她在学校的英语考试从未得过满分，尽管成绩一直名列前茅。若从功利的角度讲，家长或许应帮助孩子向满分努力，但我们不以为然，告诉孩子不必如此。在考试中获得满分或年级第一，总是存在一定的偶然性。为了这偶然的成功，牺牲本可用于成长的时间和精力，是本末倒置。

如前所述，我们孩子的物理老师胡老师在教学实践中秉持解放教育观，他的教学理念也是注重成长而非成功。这种教育实践或许短期内难以看到效果，但长期来看孩子受益匪浅。胡老师从不为学生专门备考竞赛，所传授内容也不针对具体比赛。尽管如此，我们孩子后来参加一些知名高中物理大赛时都能轻松应对，例如，BPHO（英国物理奥林匹克竞赛）、Physics Bowl（物理碗）、PUPC（普林斯顿大学物理竞赛）等。那么，胡老师对学生的教育是在瞄准应试、比赛、赢大奖吗？并非如此，他是在培养学生对物理学科的热情和兴趣，是在助力孩子们成长。然而，这反而在客观上为孩子们带来了意想不到的成功，尽管在这里成功只是成长的附属品和伴随物。

遗憾的是，成王败寇的思维已深入我们的文化基因。历史上像司马迁那样为失败者项羽作传的人，少之又少。如今提及项羽，令人感叹的仍是他功败垂成，底色依旧是成功思维。一想到成功，我就会想到苏格拉底让弟子们在麦地里寻找“最大的麦穗”的故事。在人世间这片大麦田里，我们都想摘到最大的麦穗，可最终又有几人能如愿？成功亦是如此。而且现实的诡异之处在于，越在意成功、志在必得，往往越紧张，越容易失手，越难获得成功；越不在意成功、听天由命，往往越放松、轻装前进，越容易取得成功。所以，即便从成功的角度考虑，也应破除对成功的执念。这方面的古训数不胜数，如“谋事在人，成事在天”“尽人事，听天命”“君子居易以俟命，小人行险以徼幸”等。

父母的许多焦虑源于对成功的执念。叔本华说，人生是苦海。因为享受成功总是短暂的，而追求成功的过程充满痛苦。而且，第一次成功带来的快乐享受完后，又回归日常，接着开始追求第二次成功的痛苦历程。然后第二次成功来临，又是欢愉片刻，如此循环往复，直至老去。所以，人生是苦海[①]。叔本华这种迷人的解释极具迷惑性，为何？因为他预设人们都执着于成功，认为人生的意义只在于追求结果而非过程。但现实并非如此，恰恰相反，人生的意义在于过程，在于对酸甜苦辣、悲欢离合的体验。否则，若仅以结果论，人生最终归宿都是坟墓。而且，人生殊途同归，不必非要争高低、决雌雄，执着于成功。再者，什么是成功？成功有统一标准吗？总之，秉持成功理念的父母，只能应验叔本华的“人生苦海”之说。

具体到孩子教育，从孩子胚胎起，父母的焦虑便开始了。怀孕时，父母担心孩子没有良好胎教；出生后，父母担心孩子输在起跑线上；上学了，父母担心孩子进不了好学校；毕业了，父母担心孩子找不到好工作；工作了，父母担心孩子没有美满婚姻。就这样，父母没有把孩子当作独立个体看待，而是当成成功棋盘上的棋子随意挪动；父母在进行外在成功的复制时，却忽视了孩子内在心智的发展。而且，成功无底线、无尽头，追求成功者唯一能确定的是，自己还不够成功，必须继续追求。因此，对成功的追求只会让父母陷入持续焦虑状态，难以感到满足。

不过，考虑到当今世界和社会环境复杂多变，父母的焦虑也可以理解，尤其是对孩子未来职业的普遍焦虑情绪。但现代社会变幻莫测，我们中有多少人能预测未来？大多不过是以当下职业热点来

① 叔本华. 爱与生的苦恼[M]. 金铃，译. 北京：华龄出版社，2001.

规划孩子未来职业，这本身就存在时间差问题，就像之前一窝蜂地学工商管理、后来一窝蜂地学计算机，又有多少人能精确踩准职业潮流节点呢？况且职业与专业并无必然联系，好专业未必导向好职业，好职业未必需要好专业。从政成功的有几个是学政治学或行政管理的？经商成功的有几个是学工商管理或经济学的？比尔·盖茨学的是法学专业，埃隆·马斯克学的是物理学专业，马克·扎克伯格学的是计算机科学和心理学专业。在这个风险社会，我们无法笃定把握职业成功，唯一能把握的是自我成长，即努力提升心智水平和竞争力。这或许才是在这个风险社会以不变应万变的法宝。

总之，与其执着于难以捉摸的成功，不如专注于自己能把控的成长。只因成功是结果，是“天命”，我们必须放手；成长是过程，是“人事”，我们能够把握。

执着于孩子成长，孩子自然会成为发光体，无论到哪里都会绽放光芒；否则，即便进入名校，也不会自然而然地发光。若孩子不是主动学习能力强的类型，父母拼命将孩子送进名校反而可能害了他们。因为孩子环顾四周高手如云，自信心容易受挫，若没有及时得到父母帮助和调整心态，很可能会自暴自弃，还不如在适合自己的普通学校就读。

解放童年是个系统性工程

培养孩子解放孩子的童年，是一个系统性工程，涉及的事项繁多，难以一一列举，这里只选择重点作简要讨论。

首先，解放孩子童年的最大挑战在于解放父母自身。解放的内涵是丰富的，在教育孩子方面，父母首先需要摆脱一些陈旧观念的束缚。例如，认为孩子应该为父母争光，但实际上，孩子不是实现父母理想的工具，也不是父母向外炫耀的资本；再如，认为“我的孩子，我想怎么管就怎么管”，但实际上，孩子是人不是物，是独立的个体，不是父母的私有财产。其次，在性格、心理、能力、价值观等关乎人健康成长的诸多方面，父母需要深刻剖析自己，追求力所能及的进步。完善自我、保持成长性，是一生的课题，也是孩子成长教育中的生动教材。反之，那些自身未经历反思、心智未得到解放的父母，怎能教育好孩子？作为孩子生命中的第一任老师，这样的父母等于未取得教师资格证就上岗，是名副其实的“无证上岗”。因此，解放孩子的童年，从父母解放自己开始。

解放孩子的童年，还需要父母树立鲁迅所说的“幼者本位”观念，将孩子的教育作为家庭的优先事项。毛泽东在苏联会见中国留学生时说过：“世界是你们的，也是我们的，但是归根结底是你们的。你们青年人朝气蓬勃，正在兴旺时期，好像早晨八九点钟的太阳。希望寄托在你们身上。”这句话用在孩子身上，同样非常恰当。因为孩子教育是家庭的优先事项，所以父母们要格外用心，“世上无难事，只怕有心人”。在这方面，父亲们尤其应该警醒，因为受“男主外女主内”等传统观念的影响，一些父亲对孩子教育不用心，热衷于做甩手掌柜，不闻不问，使得孩子教育成为“丧父式教育”。然后等孩子长大了，出现问题了，这时候才开始满脸惊讶、满腹狐疑：这孩子怎么越长越不成样子了？殊不知，问题的根源就在自身。作为一名父亲，我也是有职业的人，但我晚上很少在外面应酬。李渔说得好："世间第一乐地，无过家庭"[①]"睹儿女笑啼，认作斑斓之舞；听妻孥劝诫，若闻《金缕》之歌。苟能作如是观，则虽谓朝朝岁旦，夜夜元宵可也。又何必座客常满，樽酒不空，日借豪举以为乐哉？"[②]

当然，为了解放孩子童年，父母不能只关注家庭。尽管孩子生命中的第一道运行程序由父母设定，但随着年龄增长，孩子越来越受到家庭以外因素影响。实际上，孩子教育由家庭、学校、媒体三部分构成。前两者不言而喻，但媒体往往被父母忽视。如今步入数字媒体时代，一切与"数字"呈正相关的事物都被赋予时尚、进步、智慧等正面意义，如"网红""数字达人"；一切与"数字"呈负相关的事物都隐含土气、落后、愚笨等负面意义，如"数字难民""数字弃民"。殊不知，数字新媒体泛滥的同时，内容良莠不齐，谎言、暴力、色情、民粹观念夹杂其中，对心智尚未解放的孩子身心健康极为不利。随意翻翻相关书籍，比如《推特机器：为何我们无法摆脱社交媒体？》[③]和《制造白痴：电子产品如何威胁下一代》[④]，就能了解数字媒体对孩子甚至家长自身的伤害之深。看到尚在童车中的孩子一哭闹，父母就立刻塞给他们手机，孩子便不再哭

① 李渔. 闲情偶寄[M]. 江巨荣，卢寿荣，校注. 上海：上海古籍出版社，2000：346.

② 李渔. 闲情偶寄[M]. 江巨荣，卢寿荣，校注. 上海：上海古籍出版社，2000：359.

③ 西摩. 推特机器：为何我们无法摆脱社交媒体？[M]. 王伯笛，译. 上海：上海文艺出版社，2022.

④ 德米尔热. 制造白痴：电子产品如何威胁下一代[M]. 杜若琳，译. 广州：广东旅游出版社，2022.

泣的场景，我真想上前劝告父母不要这样做。孩子的语言、运动、沟通、思考等能力，是在与父母朝夕相处、相互陪伴和交流中发展和成长的。让孩子从小就整天与手机、平板电脑为伴，客观上无异于阻碍了孩子在这些能力上的正常发育，后患无穷。而且，现在越来越多的儿童出现弯腰驼背、视力下降、睡眠质量差、注意力不集中、抑郁症等问题，这些都或多或少与过度使用数字媒体有关[①]。

总之，解放孩子的童年是一个系统性工程，毫无疑问，父母在其中扮演着重要角色，承担着繁重任务。辛苦吗？当然辛苦，十八年如一日、持之以恒，怎能不辛苦。累吗？当然累，朝九晚五地接送、悉心教导，怎能不劳累。但是，陪伴孩子成长、解放孩子童年的过程也充满了惊喜、快乐和享受。仿佛就在一瞬间，孩子就十八岁了，长大成人，那个曾经如尺蠖般的小肉团成长为有自我意识的青年。父母们，生命中还有多少事情能像这样体现我们的创造力和影响力，如此有意义和有价值呢？

最后，让我们重温鲁迅的名言以共勉：

没有法，便只能先从觉醒的人开手，各自解放了自己的孩子。自己背着因袭的重担，肩住了黑暗的闸门，放他们到宽阔光明的地方去；此后幸福的度日，合理的做人。[②]

---

① 更深入、精辟的分析，参见汉森的《手机大脑》。

② 鲁迅. 我们现在怎样做父亲[M]//鲁迅全集：第一卷. 北京：人民文学出版社，2005：135.

附 章 一

初中教育一瞥

我们该怎样帮助初中阶段的孩子

——在我们女儿初二班会上的发言

各位家长，我觉得孩子们在一个班级，这本身就是一种缘分，所以，我不仅对自己的孩子有责任，对孩子的同学们也负有某种责任。我一直认为每个孩子天生都是天才，但后来很多孩子都被不负责任的父母耽误了。出于这两点，我今天特地毛遂自荐，想和各位分享我教育孩子的想法。

一、永远爱孩子

我们要永远爱孩子，我们要让孩子感觉到父母怎么都是爱他们的，而不是考好了就爱，听话了就爱，考不好或者不听话了，就不爱，就冷眼，就冷落。否则，孩子长大以后很容易只是为了讨好别人，而不关注自己，不关注自己的内心，一辈子为别人活着。小时候为父母活着，大了为上司活着。总之，不是为自己活着。

爱孩子就多夸奖孩子，多赞美孩子。每个孩子都值得被夸奖和赞美，关键是父母不要舍不得夸、舍不得赞美。但是，不要总是夸孩子聪明，而要多夸孩子努力、有好奇心、不怕挑战。

爱孩子就要舍得花时间陪伴孩子。我晚上几乎从来不在外面吃饭应酬。当然，有的父母因为工作需要没办法，但尽量少花时间陪别人，多花时间陪孩子，尤其周末。钱没有了还可以再赚，客户没有了还可以找下一个，但是，孩子的青春过去了就再也回不来了，因为孩子的成长是不可逆的。我们人到中年了，自己最多还能奔个科长、主任、厅长、省长吧，或者年薪百万元、千万元吧。孩子呢？有无限的可能。如果我们现在好好爱他们，不离不弃地培养他们，他们或许能成为下一个比尔·盖茨、鲁迅、李四光，乃至杰出的领导者。当然，我并不是说一定要让他们成名成家，而是想说，对我们家长来说，没有比陪伴孩子、教育孩子更重要的事情了。我们爱他们，我们希望他们好好学习，就是为了让孩子以后有尽可能多的可能性。这样，他们以后长大了才会更自由、更从容、更幸福。

爱孩子就要内紧外松，简单地说，就是不把焦虑和压力传输给孩子，而是父母自我消化。所谓外松，就是不断为孩子承担压力，尽量为孩子减压。我指的压力主要是心理压力。孩子上初中了，或多或少都有些成熟、懂事了，马不扬鞭自奋蹄。孩子已经在奋蹄了，我们何必再在马背上来一鞭子呢？毕竟，马的奋蹄、人的努力都是有极限的；超过这个极限，只可能是无谓的焦虑。所以，有些孩子为什么讨厌父母？因为孩子已经够焦虑了，父母还不断地在他们耳边聒噪，说“平均分95升不了‘四大’名校”“成绩一般的孩子没有高中读”。对这些，父母心里有数就够了，自己承担下来足矣，不必传导给孩子。要知道，给孩子过多压力只可能适得其反。孩子想：天哪，这样都读不了高中，反正没有希望了，算了吧。这是不是适得其反？总之，不给孩子制造空洞的焦虑感、紧张感，让孩子内心轻松，让孩子轻装上阵，这是外松。

那么，内紧是什么？就是帮助孩子在努力学习方面抓紧、盯紧。努力也是要从小培养的，那就是，做自己认定的任何事，永远全力以赴，绝不放弃自己；否则，让孩子这么小就放弃自己，破罐子破摔，想一想都很可怕。那有些父母可能会问：“孩子从小就没有培养好努力的习惯，现在还来得及吗？”当然来得及。我们可以通过“我们一起努力，把成绩提高一点点”的方式，来帮助孩子、托举孩子，让孩子尝到努力的甜头，从而树立努力观。例如，我们不是一看到孩子成绩低就摇头，而是每次考试后坐下来和孩子一起分析错题，建立错题集，毕竟成人比孩子更能发现症结。这样，父母再在旁边强化和确定孩子下一步努力的方向，孩子就会慢慢从努力中感受到父母的支持与帮助，感受到自己不是单枪匹马地努力，感受到家庭的温暖和学习的乐趣。

爱孩子的最后一点，就是像爱自己的孩子一样爱别人的孩子。父母们，每个孩子都值得我们去尊重、去爱，而且，我们家长哪个不想自己的孩子长大后有尊重人的意识，有爱心呢？那么，我们家长先从自己做起。最好的教育是身教而不是言传，是以身作则，是爱自己的孩子，也爱别人的孩子。

爱别人的孩子，就会为别人孩子的成功而快乐，一如为自己孩子的成功而快乐；爱别人的孩子，就会为别人孩子的不公正待遇而愤懑，一如为自己孩子的不公正待遇而愤懑；爱别人的孩子，就会为别人孩子的苦痛而忧伤，一如为自己孩子的苦痛而忧伤。否则,我们就会为别人孩子的成功而嫉妒，就会为别人孩子的不公正待遇而麻木不仁，为别人孩子的苦痛而幸灾乐祸。果真这样的话，请问家长们，我们真的希望我们的孩子耳濡目染，长大后成为嫉妒心重、麻木不仁、幸灾乐祸的人吗？这些都是心智不健全的表现，我相信没有父母希望自己的孩子成为心智不健全的人。那么，家长们，我们就先从自己做起，从像爱自己的孩子一样爱别人的孩子做起，从跟我们自己的孩子一道，为别人孩子的成功而快乐，为别人孩子的不公正待遇而愤懑，为别人孩子的苦痛而忧伤做起。

此外，爱别人的孩子等于为我们自己的孩子创造了一个良好的成长环境和氛围。父母们，我们眼里的别人的孩子就是我们孩子小时候的同伴，就是我们孩子长大后的事业合伙人，甚至就是我们孩子未来的人生伴侣。你说，这样来看，爱别人的孩子怎么不值得？实际上，就是在爱自己的孩子。

二、永远不放弃孩子

作为父母，我们不必太在意成绩，因为成绩不是孩子人生的全部。但是，我们也不能不在意成绩，因为成绩的确对孩子以后很重要。而且，过分不在意成绩，会让孩子从小就以破罐破摔的态度对待自己，甚至从小就开始自暴自弃。我们父母忍心孩子这样吗？所以，我们在意成绩不是在意成绩本身，而是在意对孩子的不放弃。这就像我站在讲堂上所见：一些大学生这么年轻就开始不听讲、不读书，这何尝不是一种自我放弃。我就反对他们这样做。

那么，怎么不放弃？就是帮助孩子提高成绩。去年的家长会，大部分内容我都不记得了，但是，当时听说陈同学一口气提高了五十多名，我为他感到高兴。家长千万不要因为孩子没有进到前十名、前三十名、前五十名、前一百名，就认为自己的孩子不行了，认为孩子不是学习的料。如果你是这样认为的话，那么，你对孩子是不负责的。

作为家长，我们要努力帮助孩子提高名次，往前赶。我重复一遍，不是为了成绩，是为了培养孩子跟自己比的人生态度，超过过去的自己，尤其是为了帮助孩子不自暴自弃，不放弃自己。

怎么提高成绩？对所有科目，上课认真听很关键。我的孩子一直没有上补习班，就是得益于上课专心听讲。我记得数学老师说过，孩子成绩60%靠课堂专心听讲。这真是大实话。所以，家长要多教育孩子上课认真听讲。

课后呢？许多家长把孩子送给补习班。结果，孩子就依赖补习班，上课睡觉或者做小动作，反正不专心听，结果，一知半解，似懂非懂，这是学习的大忌。不要将孩子送到补习班，几乎每次家长会都会有老师讲，但有几个家长听呢？补习班教孩子套公式套模板，教孩子应试技巧，这是急功近利的短期行为，容易让孩子被动学习。那补习班为什么要这样做啊？因为立竿见影，短期见效快，能给父母一个交代嘛。而课堂上，老师教孩子遇到问题怎么分析、怎么思考、怎么解决，从思维上影响孩子，没有那么快见效，但会让孩子主动去探索。

家长们，建议你们把孩子上补习班的时间拿来陪伴孩子学习；把补习班的钱节省下来，让孩子假期去旅游。也就是说，自己承担教育孩子的责任。你们把责任推给补习班，但补习班可不是承担责任的，是为了短期见效后拿钱走人的。家长们，学习是一辈子的事情，怎么可能短时间见效以后就不用学习了呢？重要的是，要教给孩子自主学习的能力。而这方面，课堂教学能够做到，补习班却很难做到。

除了陪伴孩子，家长还要帮助孩子养成时间管理的习惯。很多孩子熬夜到很晚，就是不善于管理时间，做作业磨磨蹭蹭。管理时间，就是要让孩子对时间有一个大致的规划，有时间观念。例如，今晚语文作业有多少，大致要求自己在多长时间内做完；数学作业有多少，大概几点钟要做完并上传学校作业系统；大致几点洗澡，几点睡觉，几点看看闲书。但是，建议晚上不要让孩子玩电子产品，这样容易分心，而且不利于睡眠。

刚开始，可能要我们和孩子们一起进行时间安排和时间管理。而且，父母有必要适当地监督、干预，当然，也不要那么僵化、严格，最好有个弹性。等孩子养成时间管理习惯后，就可以放手让孩子自己先安排好时间，然后再和孩子商量一下。久而久之，孩子们就会慢慢自我管理，提高做作业的效率，形成时间观念。这样，父母们也能越来越省心。

三、分科帮助孩子学习

下面，我分科讲一下我们怎么在语文、数学、物理、英语四门科目方面帮助孩子学习。

在所有科目中，我们首先应该盯紧数学和物理，因为这两门课程的知识点一环套一环，环环相扣，前面一环没有搞懂，后面就跟不上了。这一点跟政治、历史、地理等文科不一样，这些科目可以靠突击跟上考试的节奏，英语、语文的背诵部分，如单词拼写、古文释义等，或许也可以。但是，想通过突击来提高数学、物理，非常困难。

所以，在数学、物理方面，父母要亲自上场，陪伴在孩子身边，不打搅孩子，而是随时待命。待什么命呢？就是孩子有做不来的题目时，家长先跟他们一起想，如果想一会儿也想不出来，就让孩子先放下，去做其他题目，家长去网上搜索答案。等孩子做完了，家长把在网上找到的讲解和答案拿来跟孩子讲，帮助孩子搞懂。

我们家孩子的作业，都是我拍照上传，这样就能给孩子节省时间做作业，我们做父母就是为孩子搞服务。现在老师们在网上改作业很快，我建议家长上传后不久就上去看看，接着，马上就跟孩子一起分析、订正错题。自己做不来就求助网络，或者联系老师们。而且，妈妈负责给孩子建立错题本，周末就让孩子把这个星期的错题先做一遍，再和孩子一起过一遍。一遍遍地做错题本，直到消灭错题。这些错题往往是孩子解题思维中的缺陷，可以通过错题本的形式把这些缺陷补上或者堵住。

我讲的方法刚开始可能会比较费时，但很有效。孩子搞懂了这一题就等于搞懂了这一类题目。假如孩子看了答案还不懂，例如物理，我自己也不懂，怎么办？我就截图，标出孩子不懂的地方，然后发给物理老师。老师就给我解释，我再让孩子自己看，自己去理解，再要求孩子讲解一遍给我听。不是为了让我搞懂，我可能听了也像听天书，但是，讲解本身就要求孩子真的搞懂了，否则，他们讲不出来。

这看上去很琐碎，需要耐心，但对孩子帮助很大。而且，孩子看到父母陪伴在身边不放弃，自己也在这过程中学习了父母这种求甚解、不放弃的态度。所以，既提高了成绩，又培养了孩子良好的人生态度，一举两得，何乐而不为？

下面我再讲讲语文、英语，我们家长可以做些什么。首先还是盯紧作业。这两个科目的作业没有数学、物理那么难，但也要父母在旁边陪伴，在旁边待命。孩子做不来的，也要去网上找答案，然后跟孩子一起记忆。我在我们班语文作业群里，看到有些父母在孩子默写古诗错误的本子上，大笔一挥地打上钩，这样不好。这让孩子失去了宝贵的纠正机会并继续错下去，又让孩子习得了浮皮潦草、糊弄任务的人生态度。

不过，跟数学、物理要靠一定量的题海战术不一样，语文、英语主要靠大量的课外阅读。家长们别轻视课外阅读，考试中，语文、英语的阅读题目历来分数比重都很高，也是孩子们特别容易丢分的地方。为什么呢？主要是因为孩子阅读能力弱。对于语文，建议让孩子开始阅读鲁迅的《呐喊》、林语堂的《吾国与吾民》、路遥的《人生》等名著，以及那些西方文学名著，但尽量只买人民文学出版社、上海译文出版社等高质量版本的图书。对于英语，就上网买DK Readers系列，让孩子从低级到高级阅读，这套书特别好。

除了阅读，对语文的作文，家长只要是大学毕业的，都最好帮助孩子修改，这样，孩子作文才会有长进。我们家孩子有一个作文草稿本。凡是带回家写的作文都是先在草稿本写，我看了后提出修改意见；孩子先修改，我再修改；最后由孩子誊抄到作文本上。这看似费时间，但孩子每写一篇都会有点进步。

这里说一下范文。有些父母喜欢让孩子看范文，有些孩子也喜欢看范文。看范文本身挺好的，但是要得法。孩子可以先看一遍范文，再和父母一起讨论范文的写作。这样做的原因是，如果让孩子单独阅读范文，他们很容易用已经习惯了的死记硬背的应试思路来对待范文。结果可能是抄袭范文，甚至编造故事，写出虚假的内容，从小养成撒谎、违心、不真诚的写作风格乃至个人性格。父母们，你们愿意在孩子这么小的时候就对其施以这种不正当的教育模式吗？

至于古文，孩子之所以怕是因为读得太少。所以，假期可以跟孩子一起读古文。建议读《古文观止》，先读短小的、容易的、故事性强的。古文在中考中的比重不小，而且，实际上是最好拿分的。当然，《古文观止》的版本很多，要给孩子挑选合适的版本，例如，中华书局出版的《古文观止·名家精译》。

语文学习靠日积月累，见缝插针，不怎么像数学、物理学习那样需要大块时间。例如吃饭的时候，我随口讲了一个成语，便会停下来问孩子有没有听说过。没有？那就马上去拿《成语词典》跟孩子解释。顺便说一句，对于语文、英语这些语言科目来说，家里让孩子手头备有《新华字典》《现代汉语词典》《成语词典》《牛津高阶英汉双解词典》等常用工具书是必须的。

然后，英语呢？除了上面说的DK Readers系列，父母还可以和孩子一起学习。第一是和孩子一起背单词。孩子们喜欢和父母一起学习，父母还可以故意把单词背错，这时候孩子会更有劲。他们会想："看，我的英语比爸爸妈妈还好。"我们孩子去年托福考试成绩不错，其中就有背单词的功劳，她一直没有放松过背单词。第二是和孩子一起背《新概念英语》。《新概念英语》不仅地道，而且幽默、优美。孩子读多了背多了，英语的语感自然就出来了。

我们中国人学英语缺乏听说环境。我想问一下在座的有多少是每天开车送孩子来上学的。我建议在车子上就播放《新概念英语》的CD。我送孩子上学八年了，车子上一直都是播放英语碟片的，如《哈利·波特》《傲慢与偏见》《简·爱》《汤姆叔叔的小屋》《乱世佳人》《汤姆·索亚历险记》，现在在听《福尔摩斯探案集》，还听过一段时间《圣经》。不用开车送孩子上学的家长可以在孩子起床后就打开CD，让孩子在穿衣、刷牙、吃饭时听英语，设法为孩子创造一个英语环境。我之前偶尔打开过我们班英语群里一些同学的背诵视频，发现有的孩子口音重，为什么呢？因为他们没有一个日常化的，可以模仿或耳熟能详的英语环境。本质上，英语学习跟语文一样，也主要靠日积月累，见缝插针。

家长们，孩子的学习是大事，是一个家庭所有人的责任，仅靠一个人是不可能的。像我们家，数学、物理、地理，由妈妈负责；语文、历史、心理健康、买书，由爸爸负责；英语、生物、体育，由孩子自己负责。

四、帮孩子养成良好的考试习惯

我们要帮助孩子逐步确立良好的考试习惯，不能拖延了，就从当下开始。

例如，我们孩子考试不舍得打草稿。我说："监考老师最喜欢同学们要草稿纸了，你尽管举手去要。不打草稿，怎么检查呀？"所以，我们要求孩子不要省草稿纸，把字写大、写开；这样，检查时就能特别容易看出错的地方。

尤其是数学考试，尽量通过验算或者另一种思路来检查。而且一般来说，应用题最后得出了一个奇怪的数，可能有错。

另外，试卷面前，分分平等。别忽视填空题、选择题，其分值并不低；不要只把时间耗在难题上，五分钟想不出来标上记号，立马去做其他题目。

我们在分析孩子试卷后发现，孩子最容易丢分的恰恰是基础题。所以，跟孩子商量的结果是，考试前不刷题，而是巩固基础原理与知识，例如，语文的文言文、数学的基本公式和原理。另外，不该丢的分，一分也不要丢，要像按住老鳖一样地按住它。实际上，决定一张卷子分数高低的就是基础题和难度中等题答题的准确性高低，毕竟考试是为了分出层次，不是为了把所有学生考倒。

为此，我们叫孩子考试时不要一味地追求速度，而是追求准确率，就是“按住”。按住了，就不再检查了。而那些按不住、拿不准的，标记符号，以便回头检查。

我们孩子一般都能提前半小时做完试卷，大抵会假装检查一下。但是，我们要求她从今年起放弃那种可能有的炫耀感，把检查做实。怎么做实？首先，保证过完所有题目；其次，对标记号的题目，全神贯注、多种方法地验算；最后，才是攻克可能做出的难题。

考试前也要“内紧外松”。什么意思呢？父母内心要重视，但在口头和行动上不表现出来。考试前，可以轻松地提醒孩子带好笔袋、文具，尤其是2B铅笔（软性铅笔），但不要说“孩子，考试不要紧张哦”或“赶快睡，明天要考试”。恰恰相反，什么也不必说，像平时一样与孩子相处即可。这样，孩子更有可能以一颗平常心对待考试，反而会正常发挥，考得更好。

总之，我们要舍得花时间陪伴孩子，把最多的时间给孩子，而不是给其他人。这才是对孩子真正的爱和最大的爱。其次，我们不应该只盯着孩子的成绩，而是通过陪伴来提高他们的成绩；通过提高学习成绩，培养他们的自主学习能力；通过培养自主学习能力，培养他们良好的人生态度。什么人生态度呢？那就是永远不自暴自弃，永远相信自己可以通过不断努力而做得更好。

谢谢大家！

还是一朵花

——有感于女儿初中毕业

昨天是女儿中考的最后一天。学校门前人头攒动，有的家长手捧鲜花，有的父母和孩子合影留念。我忽然感到，我们对孩子太随便了。

女儿就这样告别了初中生活。与长长的六年小学不同，初中仿佛只在倏忽之间。清晰地记得第一次期中考试后的一天下午，我在学校西南角的大榕树下等女儿放学。孩子终于出现了，一见到我，她立马跳起来道："爸爸，我第20名。"看到女儿那么高兴，我也很激动。这时，她有个同学正好走过来，大声地指着女儿对她的同伴说："就这家伙，年级第20名。"

这个细节之所以印在脑海里，是因为我们一直是以普通孩子的思路来养女儿的，对孩子并没有那么高的期待。尤其早就耳闻中学厉害的孩子一大把，我们就更是如此。初一期中考试是初中的第一次大考，尽管我心里估算女儿大概能到年级前50名，但还是跟女儿说："你只要能进入年级前100名就可以了。"所以，女儿后来考了年级第20名，她的兴奋劲可想而知。

我深知我们作为父母自身是普通的，这个社会的绝大多数人也都是普通的。平凡地安身立命于芸芸众生之间，有什么不好？主要是孩子没有压力。我们没有希望或者要求自己孩子与别的孩子不一样。我们经常跟孩子谈及我们对她未来的期望底线。作为本地孩子，能进本地大学就够了；你的英语这么好，以后至少可以成为一名小学英语老师。

我还记得有朋友问我，小学跟初中有什么不一样？我说："小学，孩子像朵花；初中，不得不亲眼看着花儿慢慢枯萎。"我当时说这话，一方面基于骤然增多的日常课业，另一方面是亲眼看到身边的初中孩子的确是这种压弯了腰的状态。

不过，在女儿初中结束的今天，我们总算可以欣慰地告诉自己：孩子还是像朵花儿绽放着，只是花儿在长大。

那么，何以至此？

一、孩子的课业相对轻松

女儿的课业压力之所以相对轻松，首先因为英语作业被免掉。但她的英语好，只是得益于陆陆续续在国外待过两年半的童年游学经历。我时而跟孩子说："如果我是外人，乍一看你的英语确实会惊为神童。但是，作为父母，我们知道你的游学经历，知道你接触英语的过程，便一点不觉得奇怪，甚至觉得不如此才奇怪。因为，随便把哪个孩子从小放到国外两年半，都会这样。"

其次，孩子的注意力集中，效率高。这是她从小热爱阅读之功。也就是说，她单位时间里完成的作业，是其他爱磨蹭的孩子要数倍时间才能完成的。磨蹭是为什么？注意力不集中所致。任何一个孩子只要集中注意力，没有什么学不好。而且，初中孩子已经有一定的意志力和自制力了，也就是说，任何一个孩子只要真的一门心思用于学习，学习就不是一件很难的事情。怕就怕孩子打着"隐私"之名，关起门来打游戏、看视频，东看看语文一会儿，感到有些难便放下；再西做做数学一会儿，感到难便放下。

再次，女儿长于时间管理，相伴随的就是，做事有计划性。在这一点上，她妈妈对她的影响比较大。在孩子备考托福的时候，妈妈帮助她制定了具体到小时的复习迎考计划。后来准备SSAT也是如此。

主要得益于这三点，女儿的初中三年尤其初三并没有学得多么累。学习上的相对轻松给她腾挪出一定的时间做其他事情，例如，参加辩论社、读夏校、考托福。这蛮符合我们希望的初中生活。学习当然是重中之重，但最好不是初中生活的全部。

二、家长肩住应试的闸门

女儿是我们第一个也是唯一的孩子。作为过来人，我们总希望尽量把孩子从教育的沉重中解放出来，或者至少部分地缓解。一定意义上，女儿就是我们一些教育观念的实验品。我们的主要理念是，尽可能让孩子从单纯的应试教育中解放出来。

我们并不拒绝应试教育，因为这就是普通人都在走的路，拒绝不了也没有必要拒绝。此外，应试教育也有值得肯定的地方，并非一无是处。所以，我们从来没有考虑过让孩子走一条小众甚至精英式的受教育之路。孩子再怎么小众、精英，终究还是要生活在普通人中间的，不如早点让孩子习惯和善于与普通人打交道，走大众路线。更何况，孩子不普通往往只是父母的想象、期待。到头来，绝大多数孩子长大后还是成为普通人。为此，在孩子教育上，我们坚持走大众路子，只是尽力不让孩子沉湎于应试教育中，不让应试成为教育的唯一和全部。

应试教育说到最后就是题海战术——刷题，把不同类型的题目、各类知识点的边边角角，都刷上一遍又一遍。不过，刷题到一定程度，是会存在边际效益递减的。例如，刷70题大概就已经百分百掌握相应知识点了，那么刷更多题目便不再有效果，甚至刷多题目形成了固定解题套路，一定程度上反而限制了思路的灵活性。其实，学校的作业就足以巩固应掌握的知识点了，所以，我们主要让孩子按质按量完成老师布置的作业。数理化各外加一本《实验班提优训练》，便不再有任何额外任务，如补习班作业等。我们认为，各类补习班纯粹是给孩子的额外负担，而且给了孩子一个课堂不必认真听的理由。

假如孩子能进名校，例如，北大、复旦，我希望她以最后一名进去。假设孩子正常用功可以拿到90分，拼尽全力可以拿到100分，那么，我宁愿她选择前者，而不是后者。为了10分，牺牲大量用来做比应试更有意义事情的机会与时间，让孩子这么小就成为无趣的应试机器，不值得。

女儿在初中正常学习以外，能如上述准备托福、夏校、申请、辩论，就比单纯的应试更有意思。她在这些过程中锻炼了自己，开始学习认识自己，挑战自己。而且，她每天晚上睡觉前看半个小时的英文小说，即便中考也没有间断，也是不沉湎于应试之功。

应试教育不利于孩子独立思考，什么都有标准答案。“1+1=2”这样的标准答案固然是情理之中，但对一些事情的评价和认识，本来恰恰应该鼓励孩子自己去寻找其证据、探索其意义。可是，应试教育恰恰相反，甚至对于那些本应见仁见智、具有主观性、需要深入探究和思考的问题，也要求孩子按既定答案作答，一字不能更改。孩子的心灵是一张白纸，可惜这么早就被标准答案星星点点地塞满。有鉴于此，我们反复告诉孩子：“那些标准答案一定只是过目不过心。否则，你虽然才十几岁，心智却已接近老太太；你虽然外表如花似玉，但内心老气横秋。花儿，你不枯萎才怪。”

应试教育还让作文越来越成了“作（zuō）文”。例如这样一篇高考满分作文：

现代社会以海德格尔的一句“一切实践传统都已经瓦解完了”为嚆矢。滥觞于家庭与社会传统的期望正失去它们的借鉴意义。但面对看似无垠的未来天空，我想循卡尔维诺“树上的男爵”的生活好过过早地振翮。

这种文字太作（zuō）了，佶屈聱牙，忸怩作态，故作高深。应试教育首要的不是要求孩子们把作文写得文通字顺、真情实感，而是要孩子们作（zuō）得不像孩子。我不禁想到有小学语文老师给一个十岁孩子的作文批语“传递正能量”。一个十岁孩子，能知道什么是正能量吗？更何况正能量能成为衡量一篇作文好坏的标准吗？作文还是应该从教育孩子们好好说话开始。

人生苦短，我宁愿孩子过一个普通人生，却能够“幸福地度日，合理地做人”。她不必为了成功而堕入题海和苦海之中，在小小年纪就将本来的朝气丧失殆尽，在初中就被压弯了腰。

所以，作为父母，我们能做的就是为孩子肩住应试的闸门，哪怕留一条缝隙。

三、放他们去完善自己的人格

肩住应试的闸门，放他们到哪里去？

到完善人格、发展想象力的地方去。

这是因为，应试只是一时，人格与想象力却是一世。

想象力就是不受拘束地创新的能力。例如，数学的各类模型是在给孩子的想象力套上框框，而让孩子自己摸索解题思路、探求答案，就是培养孩子的想象力。语文也是，那些精彩的名言、拔高的立意、矫揉造作的情感，也是给孩子的想象力套上框框，而让孩子自由地抒发喜怒哀乐，真实地表达自己，就是培养孩子的想象力。请问生命中一定只能“见证美好”（某市中考作文题）吗？现实中映入孩子眼帘的并不缺少丑陋。或者，孩子想“见证”成长、“见证”变迁，也不失为一种好思路。那么，何不就以“见证”为题，让孩子发挥自己的想象力，何必非要止于“美好”，刻意限制孩子的思维于“美丽新世界”？

想象力的培养途径不一而足，但广泛阅读是最基本的。欣慰的是，孩子初中三年读了《古文观止》《史记》《资治通鉴》等书的部分篇目，以及鲁迅的一些书，例如《呐喊》《彷徨》《朝花夕拾》《坟》《且介亭杂文》等。至于那些世界名著，我们保持她小学就有的方式，一律买英文版，例如，*Gone with the Wind*、*Anna Karenina*、*Les Misérables*、*An American Tragedy*等书。在每天上下学的车子上，孩子“听”书，最经典的要数《圣经》了，听了接近两遍，放学回家还偶尔拿出一本*The Holy Bible*来看看。

至于完善人格，说复杂固然复杂，但简单来说就是，努力与善良。

努力，意味着对自己认定的事情全力以赴。女儿在初一两个学期和初二上学期基本上只是按部就班地跟随课程进度，再加上我们对她的成绩也没有什么要求，所以，孩子的努力是不够的，尽管她很认真。不过，受同伴的影响，女儿从初二下学期开始发力。这也是学校教育的精义之一，就是让孩子们相互影响。这样，从初二下学期开始，两个孩子齐头并进，你追我赶。明显的表现就是，女儿从初二下学期开始成绩直线上升，七次大考平均名次为第10名，其中两次排名年级第一。这样的努力结果还是让我们有些意外。我想，努力已经成为她的人格特征之一，而学习成绩好不过是努力的副产品而已。

至于善良，我能感受到家庭环境对她的潜移默化。她曾经以《传承》为题写过一篇作文（见第四章附录）。从中可以看到，善良已经作为我们家族的精神传承，深深融入她的人格特质之中。

四、花儿还是花儿

女儿毕业了，我们长长地松了一口气，因为不用再接送她了。尽管只有8公里路程，但是每天下午5点半放学，到了初三则更迟，到下午6点才放学，我们要在车林轮雨中穿梭，回到小区还要为找停车位绞尽脑汁，常常是精神紧张，筋疲力尽。

不过，更令我们松一口气的是，女儿平稳度过了初中三年。身高以一年7厘米的速度往上长，成绩芝麻开花节节高，她没有完全堕入应试的泥淖，而是给自己足够的发展性格和兴趣的空间。实际上，性格和兴趣才是真正支撑她将来走得更稳、走得更远的资本和力量。

对这些，我们无法不感到欣慰。

在初中开始的时候，我担心将不得不亲眼看到花儿慢慢枯萎下去。但是如今，初中三年结束，花儿还是花儿，花儿依然绽放。

解放童年

换种思路做父母

附 章 二

高中教育一瞥

国际体系要有不一样的思路

——在孩子高一班级活动上的发言

各位家长，很高兴我们能够聚在一起。今天既然是大家交流的时刻，我也想谈谈对国际体系的看法。

选择国际体系，并非只是送孩子到国外读书这么简单，而是意味着引领孩子步入一个完全不同的学习世界，乃至重塑其未来的人生轨迹。这需要我们做父母的先行一步，先于孩子对国外教育模式进行探索。毕竟，国际体系是我们不太熟悉和擅长的教育体系，我们和孩子要一起摸索的东西太多了。

一、申请什么样的学校

我想先告诉大家，不要焦虑。正如有家长说的，美国大学那么多，也就意味着选择余地大，远不是独木桥。而且，我们学校的国际体系，按照过往经验，65%的孩子大概率能进美国前三十的大学，96%的孩子大概率能进美国前五十的大学，那还焦虑什么？

美国前三十乃至前五十的大学尽管学校与学校之间的声誉有差别，但就个体成长而言，可以说它们几乎没有什么差别。我不记得在哪里看到这样一句话，就是一个哈佛大学的学生和一个伯克利大学的学生在素质和水平上没有多大差别。更何况，大学不应该是孩子们人生的巅峰，否则，只能说是悲剧。大学充其量只是孩子人生的起步，孩子们还拥有大量改变人生，让自己人生“开挂”的机会。例如，转学、读研，甚至还可以辍学创业，没准会成为第二个比尔·盖茨、扎克伯格。

你说不，你说你还是很焦虑孩子进不了藤校[1]，或者进不了前十，或者比不过其他孩子们。不过想来这也很正常，因为我当初也是这样想的。当初孩子选择了深圳中学，似乎“哈耶普斯麻”[2]就在眼前了，为什么？因为我们高中不是每年都有藤校，都有前十吗？那我孩子一只脚踏进了深圳中学，不就是一只脚踏进了“哈耶普斯麻”吗？现在，我却不这样认为。

什么样的人能进“哈耶普斯麻”？我看过一本讲哈佛大学所录取学生的书。那些学生个个都是学习、课外活动、竞赛、社区服务齐刷刷金光闪闪的，都是那种带光环的全能人。从他们的成长中，我感到，进军这些学校的准备工作真是步步为营，精心打造，甚至从孩童时代就开始了。这种精致非一般孩子所能学，非一般家庭所能比，不是说普通家庭做不到，而是说做到这样很难。

而且，如果孩子的学习能力或者适应能力只是勉强够到藤校的话，孩子也可能会因为适应不了繁重的学习压力和被同学“吊打”的现实而自暴自弃。得失与甘苦，只有当事人心里明晰。我之前难以理解“选择合适的学校”的说法，但等到自己的孩子走国际体系，我理解了。那就是，适合你孩子的，才是最好的。

简单地说，如果我们孩子是那种自带光环、自主学习能力非常强的，当然可以主打“哈耶普斯麻”。如果依赖过度包装、人为

---

① 藤校，指美国常春藤联盟的八所私立高等院校，包括哈佛大学、耶鲁大学、普林斯顿大学、哥伦比亚大学、宾夕法尼亚大学、康奈尔大学、布朗大学和达特茅斯学院。

② “哈耶普斯麻”，是哈佛大学、耶鲁大学、普林斯顿大学、斯坦福大学和麻省理工学院的合称。

拔高，那还是别主打“哈耶普斯麻”，让孩子上更适合他禀赋和能力、跟他更匹配的学校更好。因为人的一生很长，真正支撑孩子以后走得更从容、自然和有力量的是他的正常成长，而不是拔高成长、包装成长、速成成长。正常成长，比拔高、包装、速成的眼前成功更具有可持续性。

二、孩子需要什么样的正常成长

保证他们正常成长，首要的是为他们减压。

上次参加家长会，我很有感触的一点是升学指导老师公布的一个高一年级有关压力的调查。人有适度的压力是件好事，但如果压力指数超过50%就会慢慢成为坏事，到达100%则意味着孩子接近崩溃了。老师公布的调查结果显示，我们孩子年级的平均压力已经达到70%。以我的孩子进入高中以来的状况，我相信这个70%的压力值是真实的。

我们原本觉得我们女儿读国际体系会十分轻松，因为她有英语优势。但是，上高中后，孩子显现出从未有过的紧张，之前哪怕中考她都会在睡前半小时看闲书，现在没有了。我们看在眼里，急在心里，因为这与我们一贯秉持的快乐学习精神相违背。

而且，她两次在微信公众号推文里提及自己进了高中以后变得越来越不快乐。她说同学们也都这样说，说他们现在不及初中和幼儿园时快乐。有天晚上，她到朋友家里玩到11点才回家。回家的第一句话是什么？“不学习真好！”我们听了一时语塞，不快乐的学习很难支撑很久，这是一个危险信号。

另外一个危险信号就是，孩子爱跟我们发脾气，不怎么爱哭的她上高中后已经在家里哭过三次。这些都是孩子过于紧张、压力过大的表现。再这样下去，孩子轻则失去学习兴趣和乐趣，重则趋于崩溃。

于是，我们首先跟孩子闲聊，说："爸爸妈妈在网上做了一些功课后，觉得还是要慎重考虑'哈耶普斯麻'。哈佛学生个性张扬、领导力强，有些内向的你未必驾驭得了。普林斯顿的学期比一般大学短，老师传授的知识更为浓缩，尤其高冷，很难进。耶鲁大学人文气息浓厚，比较适合你，但录取率逐年走低。麻省理工、斯坦福的学生呢，要么是数理天才，要么是创业高手。所以，'哈耶普斯麻'值得一试，但还是不要押宝，更没有必要一网打尽地全申。"

然后，我们又以前面已经说过的"前三十的学校无大别，前五十的学校也不错"一类的话跟孩子聊。当然，这些聊天不是一次性的，都是在不同场合以一种非正式的性质进行的。

讲这些的目的是什么？是想降低孩子的期望值，从观念层面为孩子降压。她可能就是因为进了高中，受到深圳中学进"哈耶普斯麻"不乏其人状况的影响，对自己的期望值偏高。但是，为进这些学校如此开足马力地紧绷学习并不是良策，反而是牺牲了孩子在一个相对轻松的环境下对自我的探索，以及对自我兴趣的探索。

那是又一个我拉着行李箱，送她出地铁到学校的傍晚，身边满是同样急匆匆返校的孩子们。女儿说，她想通了，不想了，放下了。然后，她具体聊了聊自己对冲高、匹配、保底区间的想法。我深以为然。是的，孩子，不必整天想着怎么讨好那些招生官，想着怎么忠于自己内心、过好自己的高中生活、做好自己最要紧。

慢慢地，孩子开始恢复初中时那种努力但相对放松的状态。

三、别让孩子“全油门踩下”

家长们，人生是一场长跑，学习是一辈子的事情，成长比成功更重要。孩子们如果这么小就开足马力，像个学习机器一样连轴转，那么，等进了大学，也许就会跑不动、不想跑了。此外，他们将越来越难在学习中感受到快乐，只是在被竞争的压力鞭打和驱使着学习。很明显，这不是学习的最佳状态。

所以，凡是感到孩子已经开足十二分马力的时候，你不能高兴，更不能在后面呐喊加油。相反地，你要意识到孩子已经在挑战自己的极限了，应该尽快帮助他放松下来。就像长跑，我们能够一直以冲刺终点的那股爆发劲头来跑完整个里程吗？

有人说过这样一段话，我很赞同。他说：

平和、淡定、从容地对待本科申请，但保持持续、适度的努力。就是那种油门踩下六七成的匀速前行的感觉。只要你坚持下去，你会发现那些曾经跑得很快、很前的人会一一落在你身后。

我后来在日记里写道：“这段话非常适合当下的女儿。女儿现在基本上是在满负荷运转，全油门踩下。一段时间可以，但是，长期这样很快会把自己拖累、拖垮的。孩子，人生是一场长跑，悠着点，慢慢来。”

总之，我们别让孩子把十分的力气全部拿出来跑，我不知道见过多少孩子一旦拼命跑进了大学，之后就彻底松懈了，不想跑或者跑不动了。他们之前压根就没有闲下心来问问自己：我到底想要什么？我到底想要把自己打造成什么样的人？

四、周末跟孩子一起过

家长们，孩子进高中了，都懂事了，尤其身处优秀同伴众多的环境里，孩子们的内驱力可以说都非常强。那么，在这种内驱力很强、竞争激烈的环境里，孩子产生挫败感是经常性的。

为此，孩子周末回家了，父母要少教训，多倾听。让孩子跟我们分享他的喜怒哀乐、他的生活、他的情绪，让他的挫败感能够有一个宣泄的出口。尤其不能老是拿别人家的孩子来对自己的孩子求全责备，让孩子变得加倍地挫败。

所以，周末了，父母自己先闲下来，别只是埋头处理自己的事情，而是把手头的事情丢开，专心陪孩子。我们不妨给孩子做点好吃的，或者去哪里吃顿大餐，或者陪孩子看场电影、打打游戏，努力帮助孩子从太忙的学校生活中暂时解脱出来。

这样，他们才会愿意打开心扉，跟我们吐槽，跟我们宣泄，寻求我们的理解和分担。否则，我们不理解、爱教训，孩子怎么可能愿意跟我们分享呢？这也难怪上次家长会，我听到孩子们对父母最普遍的要求就是“不说话”。

当然，我所说的引导孩子跟我们谈心、跟我们说话，都是见缝插针式的。例如，孩子学习累了出房间休息的时候、一日三餐的时候。我们跟女儿的有些聊天是在送她上学的时候，是在陪她从家里走到地铁站的那五六分钟、等地铁的两三分钟、再从地铁站走到学校北门路上的那七八分钟。

有一天晚上，我们送孩子去学校。在地铁上，她像往常一样只顾看她自己的书。但是，看着看着，她就把头靠在了我的肩膀上。之前，孩子也时而这样。但是，这天晚上她几乎每过一会儿就把头靠过来。后来，孩子说她困，想睡一会儿，便合上书，靠着我睡着了。很快，学校所在的地铁站到了。就在我盘算要不要坐过站，让她多睡一会儿的时候，她在报站声中醒了。

回家的路上，我们很感慨，她真不能也没有必要这么累，而且，这是身体在发危险信号了。

于是，回到家以后，我给她发消息：

女儿，你这周做个试验，就是一律晚上11点前睡觉。我保证你的效率会更高。你才这么小，就开启熬夜模式，得不偿失。人生是一场长跑，是一场持久战。你的高中不是为了跳得多高，而是为了以后能跑得更远。何况周末你没有休息，而这周又是持续六天。不能打疲劳战。听爸爸的话，孩子，调整到正常11点前睡觉。

好在我们两代人的关系基本上是一种接近朋友的关系。孩子也便从这天开始，尽量在晚上11点之前睡觉了。

五、藤校应该是追求自我的伴随品

孩子们常常关注排名，并谈论国际体系中的“考考定终身”观念。事实并非如此，美国大学更希望看到一个长期向上的成绩趋势，而不是每次考试都必须表现优异。胡老师曾说过：深圳中学国际体系三年下来，最终拿到全“A”的学生就一两个人，而那些在某些科目上拿“B”却进入藤校的学生也不在少数。

我们当时支持孩子选择国际体系，看重的是国际体系更注重个人成长，尤其是个性化的塑造。个性化意味着每个人都致力于发展自己的个性和自我，从而展现自己的独特性。美国大学希望看到的是那个独一无二的你，也只有独特的你才能脱颖而出。因此，孩子们与其总是关注别人在做什么，不如专注于让自己的独特性更加突出。至于孩子之间的比较，并没有太多的必要。我们一直告诉孩子：不要和别人比较，要和自己比较，因为人和人之间没有多少可比性。这句话，我们对她从小说到大。

作为家长，我们不希望孩子背负着巨大的压力，觉得非上藤校不可，整天忙碌不停。我们希望她能够慢下来、静下来、闲下来，这样她才有可能审视自己的内心，反思和探索自我。也只有这样，孩子才可能体会到学习的乐趣，寻找到自己的兴趣，比如阅读、写作、听诗、辩论等，从而实现自我的全方位发展和健康成长。或者说，藤校不应该是最终目的，追求自我才是；而藤校则是追求自我过程中的一个伴随产物。

总之，由于国际体系讲求个性化成长，所以父母要花心思帮助孩子发现自我，打造孩子的独特性。在他们疲于应付新环境和新阶段时，我们要帮助孩子缓解焦虑情绪，分析孩子的优劣势，继而给他们量身定做学习计划和申请方案。

家长们，孩子们的路还很长，面对全新的教育体系，他们迫切需要我们扶一把。为了孩子，为了他们能够茁壮成长，我们一起努力。

普通孩子也能叩开藤校之门

——写在女儿被耶鲁大学录取之际

很多热心的父母祝贺我们的孩子被耶鲁大学录取，而且总认为我们有什么秘籍。其实，单就教育孩子本身而言，我们大体上采用一种顺其自然地成长的思路。父母能做的就是创造一个让孩子顺其自然成长的环境，如此而已。

2023年3月30日早上7时，我们准时打开了孩子申请耶鲁大学的网页。第一眼并没有看到预期中的“Congratulations!”，心想：哦？看来耶鲁大学没有录取啊。

没想到再往后看，原来是“Congratulations!”变成了动词形式：“It is with the greatest enthusiasm that I write to congratulate you on your admission to the Class of 2027.”。这是真的吗？我们再次确认了一下邮件正文的第一句，“Welcome to Yale College.”。本以为这句是礼貌性的问候语，原来正是录取的表达。

我们立刻截图，并把随后收到的哥伦比亚大学和布朗大学的录取通知也一并截图，发给了孩子。

孩子是个有想法、有抱负的人。虽然她知道进入顶尖藤校很大程度上已经到了拼运气的阶段，但她依然有信心，认为自己的硬实力足以进入这个竞争圈子。当然，受到我们的影响，她也明白大学本科只是成长过程中的一个阶段，只要有能力和想法，去哪所学校并没有那么大的差别。因此，孩子一方面执着于顶尖藤校，另一方面在心态上也能够释然。

最终，天遂人愿，她同时被耶鲁大学等三所藤校和剑桥大学录取。

耶鲁大学在2023年共有52 248人申请，创下历史新高；录取了2275人，申请录取率为4. 35%，创历史新低。等候名单上有1145人。也就是说，被耶鲁大学看中、进入候选池的总共有3420人，占申请者总数的6. 55%。因此，孩子能够成功上岸，非常不容易。

这次申请圆满收官，也部分地证明了我们的家庭教育理念的有效性。我们这一生做错过很多事，有很多遗憾；但欣慰的是，在家庭教育上，我们很少做错事，很少遗憾。

首先，在陪伴孩子方面，我们毫不吝惜时间和金钱。孩子一岁时，我们夫妻俩因为求学于不同国家，不得不把她丢给外婆外公照看。后来，为了弥补她，我们不管到哪里都把她带在身边，哪怕只是短期出国参加学术会议。跟着我们，她三岁去伦敦，小学二年级半年、四年级全年分别在悉尼、布里斯班度过。朋友笑称，我们女儿应该是中国年龄最小的留学生了。留学费用不是一个小数目，但我们认为，这种投资值得。不是我们这样的工薪家庭多有钱，只是我们舍得在孩子身上花钱而已。

可能正是因为我们舍得花时间陪伴、舍得花钱，给了孩子足够的爱和安全感，她才能自信、自由地去成长，从而心无旁骛，不会前怕狼后怕虎，从而才会有今天。今天，孩子留学途中的高山险峰——英国的剑桥大学、美国的耶鲁大学，都登上去了，就像打游戏一样打通关了。对此，我们感到欣慰。

其次，我们在孩子教育上奉行普通养法，该服务服务，该放手放手。我们从来不灌输，更不实践所谓的精英教育理念，也不追求让孩子变得不普通。这与一些父母从小精心筹划孩子进入哈佛大学、耶鲁大学、北京大学、清华大学的育儿思路相反，我们始终认为自己的孩子很普通，并且按照普通孩子的方式来养育。因此，我们孩子从来不会背上那种非要变得不普通的包袱，也不会遇到没考到第一名就会受到父母痛斥的情况。人生短暂几十年，绝大多数人都是普通地活着，普通地活着并没有什么不好。至少现在看来，孩子因此而一身轻松，轻装上阵。

在申请留学的过程中，敌人很多，其中最大的敌人之一就是焦虑。焦虑往往来源于父母对孩子过高的期待，非要孩子变得不普通，容不得孩子普通。结果，孩子负重前行，勉力为之，即便进入了哈佛大学、耶鲁大学、北京大学、清华大学，他们又能走多远？

服务，就是照顾好孩子的日常饮食起居，照顾好孩子可能的情绪波动。我们是孩子的勤务员，我们是后卫，我们是孩子的港湾，我们是孩子情绪的缓冲垫。

放手，就是相信孩子的能力，不干涉，不乱指挥，不越俎代庖；放飞孩子的思想，不局限于课本，避免让孩子受到误导。小时候，我们会引导孩子去看一些高品位、富有想象力的书籍，培养孩子阅读经典和高效学习的习惯。等孩子长大了，尤其读高中以后，我们更多时候默默地站在旁边，为她递上一条毛巾，送上一杯牛奶，足矣。

孩子在博客上写道，她要在心理上适应从高中到大学的转变。同样地，我们也要慢慢适应孩子去美国读书对我们生活和心理的改变。

总之，孩子读大学是家庭的转折性事件，我们都在适应这种转折。但无论如何，我们已经把她送上了一条人生的快车道。当然，我们并不是要她或者希望她跑得多快，而是希望她跑得更欢。

后记

正如罗马不是一天建成的，包括我们女儿在内的那些能够进入英美名校的孩子，能有今天，也并非一蹴而就。然而，人们常常只关注眼前和当下，忽略了今天乃无数个昨天孕育的结果。为此，本书把重心放在了童年。

“知我者谓我心忧，不知我者谓我何求。”我一直对教育问题保持着浓厚的兴趣。在本书中，我不是想炫耀什么，而是希望通过分享个人经历及反思来阐述解放童年的必要性和重要性，从而让更多父母关注孩子童年，思考家庭教育。

当然，解放孩子童年的方法多种多样，本书所展示的只是我们的尝试。所以，与其说这本书是总结经验教训，不如说它是抛砖引玉，开启解放童年的话题。

解放童年应该成为每位家长的关注点。我们不能简单地复制自己在原生家庭中接受的童年教育模式，而要有反思和检讨。我们首先要从传统的功利教育观念中解放出来，以开放和学习的心态与孩子一起成长，一起获得解放，一起迎接新生。

解放童年意味着父母尽可能地创造条件，让孩子能够自由地成长和自然地发展。同时，引导他们成为自己，而不是成为父母期望的附属品。

此外，解放孩子的童年还需要我们全身心地接纳和无条件地爱他们。比如，最大限度地陪伴孩子，舍得在孩子的教育上投入时间、精力和心思，而不仅仅是金钱。

解放童年的程度将直接影响到孩子未来心智的崛起和自由的实现，关系到他们对幸福、成功和人生的理解与实践。而且大多数孩子最终过的都是平凡的生活，但童年的解放程度将决定他们在多大程度上能够把平凡的生活过得有滋有味，过得平凡而不平庸。

愿功利教育观被解放教育观取代，成功教育被成长教育取代，让孩子真正获得解放，还给他们一个属于自己的童年。

尹连根

2024年12月30日